Paris
1857

Schiller, Frederich von

Louise Miller

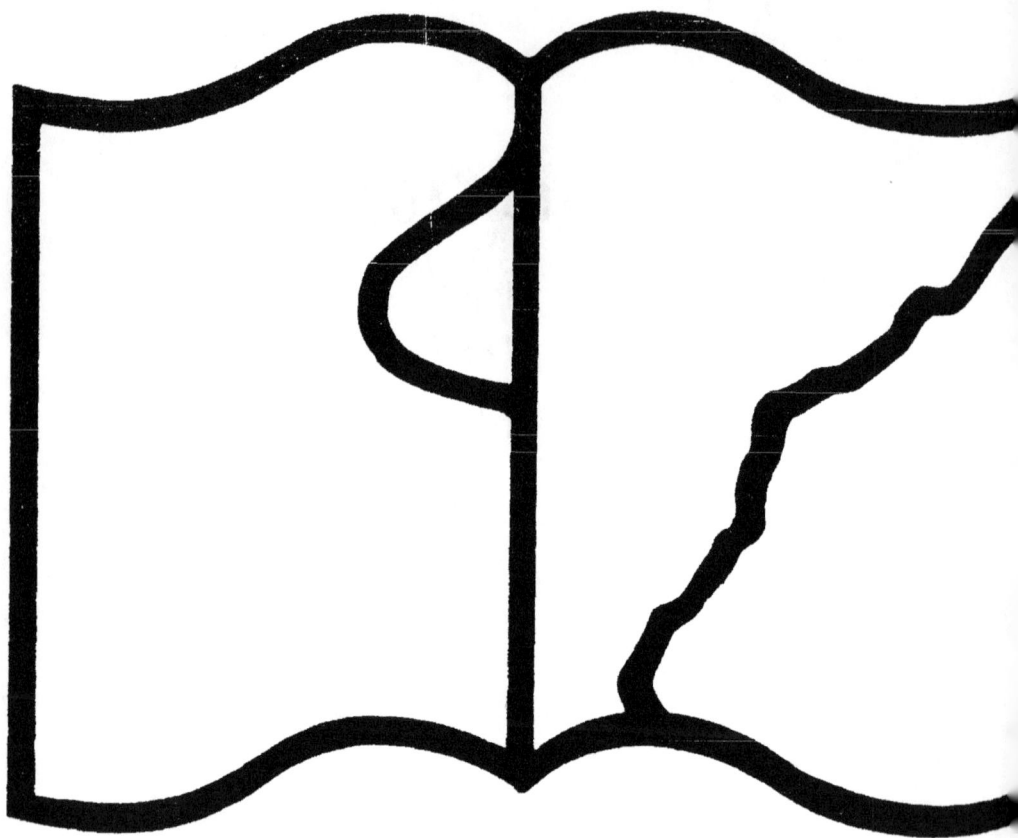

Symbole applicable
pour tout, ou partie
des documents microfilmés

Texte détérioré — reliure défectueuse

NF Z 43-120-11

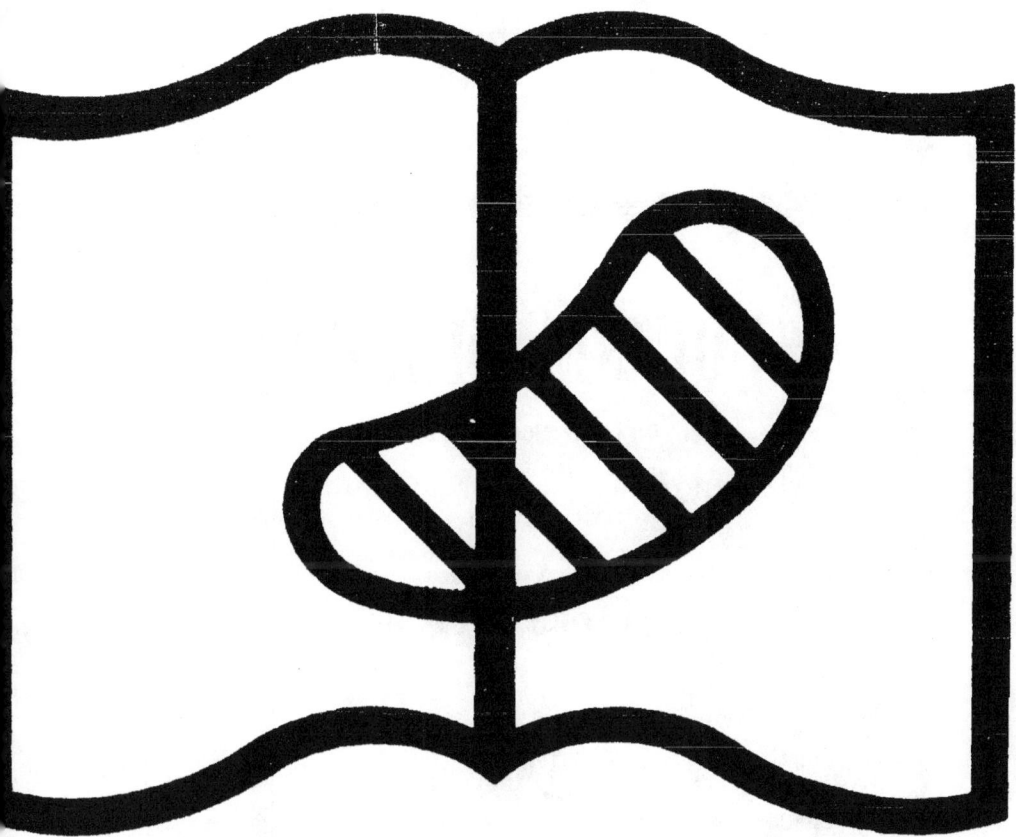

Symbole applicable
pour tout, ou partie
des documents microfilmés

Original illisible

NF Z 43-120-10

LOUISE MILLER

DRAME EN CINQ ACTES
EN VERS

TRADUIT DE SCHILLER

PAR
M. RAOUL BRAVARD

PARIS

MICHEL LÉVY FRÈRES, LIBRAIRES-ÉDITEURS

RUE VIVIENNE, 2 BIS

1857

LOUISE MILLER

DRAME

Représenté pour la première fois, à Paris, sur le second Théâtre-Français
(Odéon), le 11 septembre 1857.

LAGNY. — TYPOGRAPHIE DE VIALAT.

LOUISE MILLER

DRAME

EN CINQ ACTES, EN VERS

Traduit de Schiller

PAR

M. RAOUL BRAVARD

PARIS

MICHEL LÉVY FRÈRES, LIBRAIRES-ÉDITEURS

RUE VIVIENNE, 2 BIS

1857

A MA MÈRE

A toi, chère et bonne mère, qui m'as fait ce que je suis, ce premier bonheur.

RAOUL BRAVARD.

Extrait du feuilleton du Journal des Débats *du 22 septembre 1857.*

L'Odéon, qui s'était mis en quête d'une nouveauté, et qui avait oublié la très-aimable, ingénieuse et poétique traduction que M. Alfred de Wailly, jeune homme, avait faite il y a vingt ans du drame de Schiller, a demandé à M. Raoul Bravard une intrigue, un amour, un Ferdinand, un Miller, une Louise Miller et le fameux suicide... Aussitôt M. Raoul Bravard s'est mis à l'œuvre. Il est dans l'âge heureux où l'on ne doute guère de son génie, et le voilà qui vous a mis en vers alexandrins, tout au moins, cette lamentable histoire ! Or, M. Bravard fait très-bien les vers : il tourne à son gré le vers tendre ou furieux ; le vers terrible obéit à sa fantaisie ; il ne redoute pas le vers sublime, et même il faut avouer qu'il en trouve avec une prodigalité insensée de ces vers tout à fait sublimes. Ça sonne et ça brille, ça roucoule et ça crie, et ça vous donne un frisson irrésistible ! On dirait le tonnerre, on dirait une suite d'é-clairs ! Pas un moment de répit, pas un moment de sommeil ; ces vers sublimes tombent sur vous comme autant d'étincelles électri-ques, et vous restez bouche béante à cette pluie, à cette averse de : « *Qu'il mourût !* »

JULES JANIN.

Merci, Janin, vous êtes immensément riche, et vous faites un noble emploi de votre richesse ; merci pour tous les pauvres à qui vous donnez.

R. B.

PERSONNAGES.

LE PRÉSIDENT DE WALTER............. MM. Any.
FERDINAND, son fils, major............... Armand.
LE GRAND MARÉCHAL DE LA COUR..... Thiron.
MILLER, maître de chapelle................ Tisserand.
WURM, secrétaire du président............ Kime.
UN VIEUX SERVITEUR..................
UN VALET DE CHAMBRE................ Étienne.
LADY MILFORT, favorite du prince.......... Mmes Périga.
LOUISE, fille de Miller.................... Jane Essler.
LA FEMME DE MILLER................. Beuzeville.
SOPHIE, femme de chambre................ Solange.
Gardes, agents, voisins.

Costumes style Louis XV.

———————

Avis important. — Les passages qui sont marqués par des guillemets ne doivent pas être reproduits à la scène.

LOUISE MILLER

ACTE PREMIER

PREMIER TABLEAU

Une chambre chez le musicien Miller.

SCÈNE PREMIÈRE.

(Miller vient de se lever de son siége et pose sa basse à côté de lui; sa femme,
encore en robe du matin, est assise devant une table et prend son café.)

MILLER, SA FEMME.

MILLER, se promenant à grands pas dans la chambre.

Finissons ce commerce, il devient dangereux :
On parle de ma fille et de son amoureux,
Le baron de Walter... Ma maison, méprisée,
Sera montrée au doigt; Louise est bien osée!
Le bruit peut en venir jusques au président,
Et, bref, je fermerai ma porte en attendant.

LA FEMME.

Pourquoi?... tu ne l'as pas chez nous conduit de force.
As-tu mis sous ses yeux ta fille comme amorce?...
Il est bien venu seul, et qu'importe son nom?

MILLER.

Je ne l'ai pas chez nous conduit de force, non;
Et je n'ai pas jeté ma Louise à sa tête...
Qui pourra le savoir?... Louise lui fait fête,
Tu l'accueilles au mieux... je suis le maître ici;
J'aurais dû, dès l'abord, empêcher tout ceci,
Ou ne pas voir le fils, ou prévenir le père;
Son Excellence, alors, en eût fait son affaire,
Il eût gardé son fils, et le tout était dit;
Tandis que maintenant, sous cet amour maudit,
Révérence parlée, on sent gronder l'orage...

LA FEMME, achevant sa tasse.

Balivernes... Miller... se peut-il qu'à ton âge
On raisonne aussi mal? Que peut-il t'arriver?...
Tu vis de ton état, tu ne vas pas trouver
Tes écoliers...

MILLER.

Ah! bast! ton école, elle est belle!
Pour moi musiciens, ils sont amants pour elle!
Voilà mes écoliers... et si nous n'agissons,
Ils auront moins reçu que donné de leçons...
Que deviendra Louise? Hélas! la pauvre fille,
Il ne peut l'épouser... elle est douce, gentille,
Il le sait, il la voit; mais il est né baron,
Le fils de monseigneur... je suis Miller tout rond...
Sur le terrain d'autrui, dont ils se disent maîtres,
Quand tous ces nobles fils ont bien traîné leurs guêtres...
Par ci, par là, plus loin; qu'ils se sont abreuvés
Le diable sait de quoi... si Dieu les a sauvés,
Il prend à mes gaillards la douce fantaisie,
Dans un cœur jeune et pur, de boire l'ambroisie.
Prends garde, prends bien garde... aurais-tu, comme **Argus**,
Des yeux par tout le corps, seraient-ils plus aigus
Que les siens, qu'il faudrait... mais cela me regarde...
Il nous l'enjôlera, si nous n'y prenons garde,
A ma barbe, à ton nez; tandis que notre enfant,
Pleurera son honneur, lui, fier et triomphant,
Rira de ce bon tour. Et qui sait si Louise,
Qui ne le verra plus, qu'une faute autorise,
Ne continuera pas dans un autre milieu
Le métier qu'elle apprit... chez nous... Jésus mon Dieu!

LA FEMME.

Tu radotes, Miller... j'ai leur correspondance;
Ce sont billets charmants, où l'on voit ce qu'il pense,
Où l'on sait ce qu'il veut... Hélas! le cher seigneur,
En aimant notre enfant... nous fait beaucoup d'honneur,
C'est à son cœur surtout qu'il parle et s'intéresse.

MILLER, haussant les épaules.

Oui, c'est toujours au cœur d'abord que l'on s'adresse,
On veut avoir le coffre, et c'est au contenu
Que l'on fait les yeux doux; le moyen est connu.
Au feu tous ces billets... ces espérances vides

Qui lui brûlent le sang comme des cantharides,
Qui lui font oublier ses parents et son Dieu,
Et qui la mènent droit à l'infamie... Adieu !

LA FEMME.

Où vas-tu, fait ainsi ? tout courroux et tout flammes ?

MILLER.

Révérence parlée, à ces choses infâmes
Je vais mettre une fin... peut-être est-il trop tard.
Worm qui comptait sur nous !... Brosse-moi sans retard
L'habit de pluche rouge... et chez Son Excellence
Je me fais annoncer... je lui dirai... Silence !
Je ne sais à présent ce que je lui dirai ;
Mais les mots me viendront, lorsque je la verrai...
Monseigneur, votre fils aime du fond de l'âme
Ma fille... (il nous l'a dit) ; pour être un jour sa femme
Il faudrait à ma fille un nom, je n'en ai pas ;
Mais ma fille est jolie ; à ses jeunes appas,
On peut se laisser prendre... en faire sa maîtresse,
Peut-être votre fils... y pense...! ma richesse,
C'est mon enfant, Monsieur... et qu'on me prive d'air
Ou d'honneur, c'est tout un... je m'appelle Miller.

LA FEMME.

La paix... on vient...

(Entre Wurm.)

Bonjour, monsieur le secrétaire,
Quel plaisir de vous voir !...

SCÈNE II.

LES MÊMES, WURM.

WURM.

Je n'en fais pas mystère,
Le plaisir est pour moi, pour moi seul le plaisir ;
Quand on peut, comme vous, recevoir à loisir
Des gracieusetés qu'un baron vous débite,
Un compliment bourgeois est d'un pauvre mérite.

LA FEMME.

Que me dites-vous là, Monsieur... certainement
Le baron nous visite... oh ! mais bien rarement ;
Cet honneur ne rend pas ma Louise moins bonne.

MILLER, avec humeur.

Une chaise à Monsieur.

LA FEMME.

Nous ne chassons personne.

MILLER, embarrassé.

Ma femme!... Asseyez-vous, posez votre chapeau.

WURM, pose sa canne et son chapeau.

Ne puis-je voir Louise?...

MILLER.

Elle viendra bientôt,
Et ce sera pour elle une douce surprise
Que de vous voir...

LA FEMME.

Sans doute! il sait bien que Louise
N'est pas fière du tout, elle est en ce moment
A la messe.

MILLER.

Ma femme!...

WURM.

A la messe! vraiment!
Cela me fait plaisir jusques au fond de l'âme ;
Je vais avoir en elle une charmante femme,
Chrétienne, résignée et pas fière.

LA FEMME, d'un air de finesse stupide.

Du tout!
Une charmante femme en effet, et surtout
Qui vous aime si fort !...

WURM.

Elle m'aime?...

MILLER.

Ma femme!

LA FEMME.

Cela vous fait plaisir jusques au fond de l'âme?

WURM.

Hein! plaisanteriez-vous?...

LA FEMME.

J'en demande pardon
A Votre Grâce .. moi, plaisanter?... allons donc!
Plaisanter Votre Honneur?...

(A part.)

Il croit que je plaisante!...

(Haut.)

Vous aurez, je vous dis, une femme charmante.

MILLER.

Ma femme, taisez-vous!

WURM.

Quel est ce ton railleur?

LA FEMME.

Le bon, sans doute, est bon; mais le meilleur, meilleur...
Vous me comprenez bien?

WURM.

Non, je cherche à comprendre...
Ah! oui... Je n'y suis pas... non.

LA FEMME.

Mais on peut entendre,
Que si le ciel voulait que ma fille devînt
La femme d'un baron... Monsieur voudrait en vain
Y mettre obstacle.

WURM, se levant.

Moi!

MILLER.

Monsieur le secrétaire,
Ma femme est une sotte; elle devrait se taire.
Finis ce bavardage, ou que je sois maudit
Si tu ne reçois pas...

LA FEMME, vivement.

Ce qu'il a dit, est dit.
Je sais ce que je sais.

MILLER.

Et que sais-tu, pécore!
Qu'a-t-il dit?... qu'a-t-il fait?...

LA FEMME.

Il a fait qu'il l'adore!

MILLER.

N'en croyez rien, Monsieur... Voyons, vas-tu finir,
Ou je ne pourrais pas longtemps me contenir,
Et je te donnerai ma basse sur la tête.
Il faut me prendre enfin pour cousin d'une bête.
Que de croire que moi, son père, j'ai nourri
De semblables projets pour mon enfant chéri.
Non. Vous n'y croyez pas, Monsieur le secrétaire.

WURM.

Mon cher musicien, je ne dois pas vous taire
Que je vous tiens toujours pour un homme d'honneur,

Or, vous m'avez promis votre fille... un bonheur
Que je mérite au fond. Je puis nourrir ma femme,
J'occupe un bon emploi... mais lorsque je réclame
La parole donnée... on semble embarrassé.

MILLER.

Embarrassé !... du tout... je vous dis, l'an passé,
Et vous dis aujourd'hui : Vous aimez notre fille;
Dit-elle oui ?... Bien ! tant mieux ; plus rien n'est difficile,
Vous êtes mariés. Dit-elle non ? tant pis !
La forcer serait mal ; l'épouser serait pis...
Son cœur n'est pas à nous...

LA FEMME.

Et puis, qu'on en dispose
Sans mon consentement, impossible est la chose ;
Et mon consentement, je vous le garderai :
C'est à quelqu'un de grand que je la marierai.

MILLER.

Tu n'es pas encor loin ?..

LA FEMME.

Non.

WURM.

Les conseils d'un père
Agissent sur le cœur d'un enfant, et j'espère
Que vous me connaissez, monsieur Miller...

MILLER.

Vraiment!

Ce n'est jamais au père à connaître l'amant.
Je peux vous dire, moi, qui suis fort et m'en pique,
Si vous êtes ignare ou savant en musique...
Mais venir déclarer que je vous crois bâti
Pour l'amour ? non, Monsieur... je n'ai jamais menti.
Je ne veux vous servir ni vous nuire auprès d'elle;
Mais, je vous l'avouerai, Monsieur, quand on appelle
Un père à son secours, c'est d'un triste amoureux !
Qui compte sur autrui pour devenir heureux,
Peut ne l'être jamais ; je connais ma Louise...
Il faudra pour l'avoir qu'un mari l'ait conquise.
Ainsi, vous comprenez ?

WURM, prenant son chapeau.

Parfaitement, merci !
Je vous suis obligé !...

MILLER, le reconduisant.

De quoi ?.. Sachez ceci...
Je... Mais il n'entend pas... Quand je vois la figure
De ce gratte-papier, oiseau de triste augure,
Je me sens mal à l'aise; il vous laisse en passant
Quelque chose de froid qui vous glace le sang...
Son aspect épouvante au point qu'on se demande
S'il n'est pas, dans ce monde, entré par contrebande,
En dépit du bon Dieu; ce drôle me fait peur.
Et toi, maudite femme, avec ton beau trompeur,
Tu m'as mis hors des gonds... révérence parlée;
J'aimerais mieux avoir une bête affolée
Qu'une femme parleuse, et si mal à propos.
Ta langue détruira notre bonheur, mon repos.
Demain tout le marché saura que notre fille
A pris pour se distraire un amant qui l'habille.
La nouvelle en ira de la ville au faubourg;
Ton bavardage a fait l'office du tambour !

SCÈNE III.

MILLER, SA FEMME, LOUISE.

LOUISE va à son père et lui serre la main.

Bonjour, père !

MILLER, avec tendresse.

Bravo ! ma Louise, ta vie
Se passe à prier Dieu ; j'en ai l'âme ravie.
Agis toujours ainsi, Dieu te protégera.

LOUISE.

Oh ! j'ai bien des péchés dont il se fâchera !

MILLER.

Il est bon et pardonne !

LOUISE, à sa mère.

Est-il venu ?.. non !

MILLER.

Qui ?

LOUISE.

Hélas ! il n'est pour moi qu'un seul homme, c'est lui !
Oh! ne me grondez pas... ma tête est si malade !

(A sa mère.)

Walter n'est pas ici ?..

(A son père.)
                    Comme je suis maussade !
Pardon, père, pardon !.. mais je pensais le voir...

MILLER.

En sortant de l'église, on ne devrait savoir
Qu'un nom : celui de Dieu !

LOUISE.

                    Je vous comprends, mon père ;
C'est trop tard ; Ferdinand a tout pris... Mais j'espère...
Mon adoration remonte au Créateur,
J'adore le tableau ; mais il en est l'auteur :
Dans cet état, le cœur ne sait ce qu'il éprouve ;
Je cherche Ferdinand, et c'est Dieu que je trouve ;
Et quand j'appelle Dieu, c'est Ferdinand qui vient :
C'est que Dieu sait où va mon âme et s'en souvient !

MILLER.

Où vas-tu ?.. Que fais-tu ?.. Réponds ! Je vois la honte
Augmenter et grandir comme le flot qui monte ;
Et que deviendras-tu, quand l'heure sonnera,
Où ce damné major, enfant, te quittera ?..

LOUISE.

Lui ! me quitter !.. jamais !.. oh ! jamais, je l'espère ;
Vous ne connaissez pas mon Ferdinand, mon père !

MILLER.

Je connais le ministre, et je te dis, enfant,
Que c'est un fol amour, que tout te le défend,
Ton repos, ton honneur... Je donnerais ma vie,
Pour que ce Ferdinand ne t'eût jamais suivie !

LA FEMME, de la porte.

Le voilà !.. taisez-vous !...

MILLER, embrassant Louise, avec des larmes.
                    Adieu !.. Non... je t'attends.
Surtout, songe au ministre...

LOUISE, grave.
                    Allez ! je vous entends !..

(Miller sort ; — entre Ferdinand.)

SCÈNE IV.

LA FEMME, LOUISE, FERDINAND.

LOUISE, à sa mère.

Restez, ma mère !

LA MÈRE.
Oh! non! rester en sa présence
Avec ces vêtements! devant une excellence!
Je n'oserai jamais!

FERDINAND.
Pourquoi ce vain souci?
Vous êtes toujours bien.

LA MÈRE.
Dieu! nous surprendre ainsi!
(Elle sort.)

LOUISE, toujours sous le coup des paroles de Miller.
— Je connais le ministre! et donnerais ma vie
Pour que ton Ferdinand ne t'eût jamais suivie! —

FERDINAND.
D'où vient cette pâleur?

LOUISE se lève et se jette à son cou.
Rien, ami, ce n'est rien.
Je te vois, tout est beau! je t'entends, tout est bien!

FERDINAND prend la main de Louise et la porte à ses lèvres.
O ma Louise aimée! on m'aime donc encore!
Aujourd'hui, comme hier, mon ange, je t'adore!
Toujours à toi, mon cœur est toujours plus aimant.
Te rends-je heureuse, dis? rassure ton amant.
Tu me parais souffrir!...

LOUISE.
Non! je suis bien heureuse!

FERDINAND.
Dis-moi la vérité, ma divine amoureuse;
Tu souffres, je le sens; je vois plus aisément,
Louise, dans ton cœur, que dans ce diamant.
(Il montre son anneau.)
Il ne peut s'y trouver le plus léger nuage,
Que je ne le remarque; et sur ce doux visage
Quand un nuage passe il ne peut m'échapper.
Qu'as-tu? parle, réponds, ne crois pas me tromper.
C'est dans ce seul miroir que je sais et veux lire;
Un danger nous menace, et tu vas me le dire.

LOUISE le regarde un moment.
Tu ne sauras jamais, ami, combien l'amour
A, dans mon faible cœur, grandi de jour en jour.
Ta voix, une musique, et ta vue, une fête,

A la pauvre bourgeoise ont fait tourner la tête.

FERDINAND.

Louise une bourgeoise ! Oh ! la laide qui ment !
Une bourgeoise, toi ? serais-je ton amant ?
Quelqu'un a pu te dire une telle sottise ?..
Une bourgeoise, non ! Louise, c'est Louise,
C'est ma Louise à moi, mon trésor, mon ardeur,
Mon existence, enfin, malgré cette froideur.
Si tu n'étais qu'amour, cette folle pensée
Ne serait pas venue... Oh ! la fille glacée !
Quand je suis près de toi, Louise, ma raison,
C'est d'offrir à mes yeux tes yeux pour horizon ;
Quand j'en suis éloigné, c'est d'y rêver sans cesse !
Rougis donc, déloyale et méchante maîtresse...
Ce qu'on donne au chagrin, à l'amour est volé ;
Je pleure à tes genoux sans être consolé...
On ne m'aime donc plus ?..

LOUISE.

                         Ah ! tu vois où je glisse,
Et tu veux détourner mes yeux du précipice.
Je t'écoute, j'y tombe, et le gouffre est béant,
Ta gloire, tes projets, ton père, mon néant...

(Elle laisse tomber sa main.)

Ferdinand, le malheur menace nos deux têtes ;
Nous avons soulevé de terribles tempêtes ;
Le malheur est sur nous ! je lis dans l'avenir :
On va nous séparer !

FERDINAND.

                    Que l'on ose y venir !
Nous séparer, dis-tu ? nous ne faisons qu'une âme
Et nous n'avons qu'un cœur ! Éteindre cette flamme,
Arracher de nos corps ce cœur double et vivant,
Est-ce possible ? dis... nous serions morts avant.
Qui pourrait délier le nœud qui nous enchaîne,
Faire que notre amour soit moins fort que la haine,
Qui le pourrait ? réponds ! Mon titre, en vérité,
Sur ce qui fut réglé de toute éternité,
Aurait donc le dessus en dépit de moi-même,
En dépit des décrets du ciel, de toi que j'aime ?
On oserait alors opposer sans raison,
A noblesse de cœur, noblesse de blason ?

Tu portes dans ton cœur tes titres de noblesse,
Et comptes tes vertus pour aïeux! qu'on s'en blesse,
Que l'on dise : or pour or! moi, je dis : cœur pour cœur!
Périsse mon blason, si l'amour est vainqueur !

LOUISE.

Ferdinand! Ferdinand!

FERDINAND.

Mais ton amour, ma reine ,
Peut seul m'aider à vivre et seul calmer la haine
Que mon père a fait naître, et dont j'hérite, hélas !
Il accable le peuple et ne s'aperçoit pas
Qu'on le craint... qu'on le hait... son calme m'exaspère.

LOUISE.

Oh ! je le crains aussi!

FERDINAND.

Louise! il est mon père!
Pour moi, je ne crains rien, rien que de voir un jour,
Mon amour s'augmentant, décroître ton amour.
Laisse! laisse entre nous s'agrandir les obstacles,
Pour arriver à toi je ferai des miracles!..
Je veux, pour que ta vie ait des jours tissus d'or,
T'emporter dans mes bras, comme un enfant qui dort...
Je veux qu'en te rendant au Seigneur, ange ou femme,
Il confesse tout bas que l'amour finit l'âme !

LOUISE, avec une grande émotion.

Arrête! je t'en prie... oh! Ferdinand! tais-toi...
Sais-tu... tu ne sais pas... fuis... va-t'en !.. laisse-moi !
Tous ces espoirs menteurs, ces promesses fleuries,
Au cœur qui les reçoit sont autant de furies!...

(Elle veut sortir.)

FERDINAND,

Louise !

LOUISE.

Je prierai Dieu de te pardonner;
Mais laisse-moi... fuis-moi!,. laisse-moi retourner
Vers mon père qui pleure et m'attend.

FERDINAND.

Ma Louise !

LOUISE.

Ah ! le feu de mon cœur, c'est ta voix qui l'attise!

La paix de mes beaux jours est morte... je le voi.

(Elle laisse tomber sa tête sur l'épaule de Ferdinand.)

FERDINAND.

Louise, à toi mon âme!

LOUISE.

A toi, mon âme! à toi!

FIN DU PREMIER TABLEAU.

DEUXIÈME TABLEAU

Un salon chez le président.

SCÈNE PREMIÈRE.

LE PRÉSIDENT, WURM.

LE PRÉSIDENT; il porte un ruban d'ordre et une plaque; il entre avec
le secrétaire Wurm.

Un amour sérieux! non, Wurm, je n'y puis croire.

WURM.

Un attachement pur...

LE PRÉSIDENT.

Bon, quelle sotte histoire

Me racontez-vous là? Qu'il dise des douceurs
Aux femmes des bourgeois, à leurs filles, leurs sœurs;
Qu'il parle sentiment à toute la famille,
Il le peut, il le doit; mais aimer cette fille
D'un amour sérieux, d'un pur attachement,
C'est cent fois pis, Monsieur, que d'en être l'amant!
Qu'est-ce que cette fille? un trottin de boutique?...

WURM.

La fille de Miller, le maître de musique.

LE PRÉSIDENT.

Gentille, assurément!

WURM.

Très-bien.

LE PRÉSIDENT.

J'en suis charmé :

Je vois que Ferdinand, à l'esprit d'être aimé
« Joint l'esprit du mensonge, alors qu'il est utile :
« Un mensonge n'est pas une chose facile,
« Et ne sait pas mentir qui veut... il a raison.
« S'en est-il fait l'amant? tant mieux, notre blason
« Ne peut pas en souffrir... l'amour est de son âge !
« Est-il né quelque fruit de ce libertinage?
« Je n'y vois aucun mal, j'en suis même enchanté,
« L'augure est favorable à ma postérité. »

LE PRÉSIDENT.

WURM.

Je crains fort, Monseigneur, que ce qui vous fait rire
Ne vous fasse pleurer un jour.

LE PRÉSIDENT.
                        J'ai dû vous dire
Que ce que je voulais, je le voulais toujours.
Vous me venez parler de ses folles amours,
Et quand je veux en faire une plaisanterie,
Vous me menacez, Wurm, et de quoi, je vous prie?...
Mon fils est un Walter, et sait ce qu'il se doit.
Ceci posé, passons... Il vous gêne, on le voit,
Il est votre rival ; rival heureux, qu'y faire?
Vous êtes un fripon, et pour vous en défaire,
Rien ne vous coûtera, je le sais... Cependant,
Souvenez-vous qu'il est le fils du président.
« Et que je vous connais... que vous êtes infâme...
« Est-ce un crime, après tout, que d'aimer votre femme
« Car vous l'épouserez, puisqu'il la dotera...
« Veuve ou non ? une fois à vous, qui le saura ! »

WURM.

« Non! »
Mais si réellement la fille n'est pas sage...

LE PRÉSIDENT.
Pour un ou deux baisers qu'on lui prit au passage
Je vous demande un peu si l'on doit se fâcher?..
Et d'un charmant objet se laisser détacher?
« Dites-moi, monsieur Wurm, quand vous allez toucher
« L'argent de votre mois, qu'il quitte la monnaie,
« Ou qu'il en soit sorti depuis plus d'une année,
« Êtes-vous moins heureux, et prenez-vous souci
« D'un florin moins brillant? non certes, Dieu merci! »
Consolez-vous, mon cher, avec la multitude,
D'un malheur si commun qu'on en prend l'habitude.

WURM.

Sur cela, Monseigneur, je suis un peu bourgeois.

LE PRÉSIDENT.

Oui, d'abord... on hésite; une première fois]
Le coup parait sensible... on s'y fait .. la vengeance
Nous console plus tard, et, tenez, par avance
Réjouissez-vous, Wurm... on est toujours puni
Par où l'on a péché : mon fils n'a pas fini
D'aimer... vous allez voir... Vous savez combien j'aime
La reine du Palais...

WURM.

La duchesse?

LE PRÉSIDENT.

Elle-même,
Lady Milford, enfin. On vient de décider,
En conseil général, qu'elle devait céder
Aux réclamations du peuple, qui la chasse.
Si la duchesse part, je peux perdre ma place,
C'est elle qui surtout soutenait mon crédit...
Or, il faut pour complaire à ce peuple maudit
Que lady Milford parte, ou qu'elle se marie!
Elle se mariera, Wurm.

WURM.

Vraiment! je parie
Connaître l'épouseur que vous lui réservez.
Prenez garde pourtant, Monseigneur, vous savez,
On ne fait un bon fils qu'autant qu'on est bon père!
Il pourra refuser!

LE PRÉSIDENT.

Refuser! lui! j'espère
Qu'il me connaît assez pour ne jamais oser.
Lorsque j'ai dit : cela doit être!.. refuser!..
Et je vais m'en ouvrir avec lui ce soir même!
Je verrai bien alors, à son maintien, s'il aime
La fille de Miller.

WURM.

Son mécontentement
Ne peut vous échapper, Monseigneur; mais comment,
S'il refuse, accuser l'amour d'en être cause?
Ne peut-il refuser l'hymen qu'on lui propose
Sans aimer autre part?.. Certes si ! cet hymen

Ne saurait le flatter; mais à notre examen
Faut-il un moyen sûr?... une épreuve immanquable?
Offrez à votre fils... une femme adorable,
Et vertueuse en plus, Frédérica d'Ostheim...
Si votre fils dit non... le malheur est certain.
La tête suit le cœur, le cœur bat la campagne!
Au reste, je consens que l'on me mette au bagne,
S'il ne refuse pas.

LE PRÉSIDENT.

Ah ! diable !

WURM.

Monseigneur,
Vous vous rappellerez que c'est pour votre honneur
Que je me suis permis de prendre la parole...

LE PRÉSIDENT.

Je te ménagerai.

WURM.

Je n'ai joué ce rôle
D'amoureux dépité, que pour votre...

LE PRÉSIDENT.

Bonheur!
C'est convenu, va-t'en.

WURM s'incline.

Tout à vous, Monseigneur !

LE PRÉSIDENT.

Wurm, j'aurai soin de toi... service pour service...
Surveille Ferdinand.

WURM s'incline plus bas.

Grand merci de l'office.
Mais il est votre fils, il pourrait arriver
Qu'il s'en fâchât un jour.

LE PRÉSIDENT, lui montrant la porte.

Tu viendras me trouver.

WURM s'éloignant, à part.

Je n'en aurai pas moins reçu la bastonnade.

(Il sort.)

SCÈNE II.

Un domestique, LE PRÉSIDENT, puis
LE MARÉCHAL.

UN DOMESTIQUE, annonçant.

Le maréchal de Kalb !

LE MARÉCHAL entre, et se jette au cou du président.

Je vais à la parade...
Avez-vous bien dormi ?... Pardon si j'ai si tard
Le plaisir... Bonjour, cher... des billets en retard,
Des traineaux à ranger pour notre grande fête,
Des visites... que sais-je? On en perdrait la tête
Si l'on était moins fort. Puis le petit-lever
De Son Altesse; il faut chaque jour m'y trouver,
Car c'est moi qui lui dis le temps qu'il pourra faire !

(Riant.)

e me trompe parfois...

LE PRÉSIDENT.

C'est une immense affaire;
Mais le prince est si bon !

LE MARÉCHAL.

Pas un ne fut meilleur !
Augmentez mes ennuis d'un fripon de tailleur,
Qui, vous n'y croirez pas, ose me faire attendre...

LE PRÉSIDENT.

Vraiment !

LE MARÉCHAL.

Ce n'est pas tout; et vous allez entendre
Quelque chose, mon cher, de bien plus fort... J'allais...
Écoutez donc... j'allais ce matin au palais...
Comme je descendais de mon coupé de chasse,
Mes chevaux effrayés se cabrent, et sur place
Piétinent furieux, renversant... Ici-bas,
Un malheur vient toujours accompagné... Mes bas,
Des bas blancs comme un lis, se trouvent noirs de crotte.
Que faire! J'en avais jusque sur ma culotte...
Il faut changer de tout... Il est tard, on m'attend !

Son Altesse m'a dit : Soyez exact! Pourtant,
L'heure où je dois la voir approche avec vitesse!
Qu'eussiez-vous fait, morbleu?... Je feins une faiblesse;
L'un me prend par la tête, un autre par les pieds,
On atteint mon coupé, qu'on ouvre ; j'épiais
Du coin d'un œil mourant ce que l'on allait faire.
A peine suis-je seul que je pars ventre à terre;
J'arrive à la maison où j'ai changé de bas,
De tout enfin, de tout... du haut jusques en bas,
Et j'étais le premier auprès de Son Altesse.
Est-ce fort? répondez... est-ce là de l'adresse ?
C'est à ne pas y croire.

LE PRÉSIDENT.

On n'a pas plus d'esprit.
Et qu'en a dit le duc?...

LE MARÉCHAL.

Oh ! lorsqu'elle l'apprit,
Son Altesse fut prise, à l'instant, d'un fou rire
Qui doit durer encor... je venais vous le dire.

LE PRÉSIDENT.

Ah ! merci ! Maintenant, écoutez, mon très-cher :
Lady Milfort devient baronne de Walter;
Cela vous paraît-il une bonne nouvelle?...

LE MARÉCHAL.

Excellente!... lady Milford la connaît-elle?

LE PRÉSIDENT.

Le contrat est signé... Vous m'obligeriez fort
En allant sans délai chez milady Milford,
Lui dire que ce soir elle aura la visite
Du baron Ferdinand.

LE MARÉCHAL.

Mon ami, je vous quitte,
Et j'y cours de ce pas...

LE PRÉSIDENT.

Répandez, en passant,
Ce projet, s'il vous semble assez intéressant.

LE MARÉCHAL.

Avec plaisir, mon cher, mais c'est une fortune!
C'est une occasion comme on n'en trouve qu'une !
C'est un bonheur enfin! Au revoir, et merci.

> *(Il l'embrasse.)*   *(Cherchant.)*

Ferdinand de Walter épouse... M'y voici !
Je vais en informer et la cour et la ville.

LE PRÉSIDENT, le regardant sortir.

Et qu'on me dise après : c'est un homme inutile.
Il suffit de savoir trouver le bon côté :
Chaque chose, ici-bas, a son utilité.
Maintenant, que mon fils le veuille ou non, j'espère
Qu'il deviendra l'époux de milady...

(Entre Ferdinand.)

SCÈNE III.

FERDINAND, LE PRÉSIDENT.

FERDINAND.

Mon père,
Vous avez ordonné...

LE PRÉSIDENT.

Je ne puis plus te voir,
Il faut bien t'ordonner de remplir un devoir
Qui paraît te peser... Ferdinand, je t'observe...
Hier tout expansion, aujourd'hui tout réserve.
Plus de ces doux élans de cœur et que j'aimais ;
Plus de jeunesse enfin, et plus d'amour, jamais !
Tu fuis le monde, ingrat, et tu fuis ma tendresse,
Ton front paraît toujours plier sous la tristesse,
Tu deviens misanthrope : on pardonne aisément
A ces péchés mignons de jeune homme et d'amant,
Et l'on est même heureux de ces douces folies !...
Les arbres sont en fleurs, les femmes sont jolies ;
On est jeune, on est pris par le cœur et les yeux :
C'est la faute de l'âge, et tout est pour le mieux...
Mais être, avant le temps, triste, vieux et maussade,
C'est ou d'un mauvais cœur, ou d'un esprit malade.
Corrige-toi, mon fils ; laisse-moi travailler
A ton bonheur, enfant, sans vouloir y veiller.
Viens m'embrasser... Eh bien ?...

FERDINAND, froidement.

Vous êtes bon, mon père,
Vous ne vous sentez pas malade, je l'espère ?

LE PRÉSIDENT.

Que veut dire ceci, que je ne t'aime pas?
Mais on lit mon amour dans chacun de mes pas.
Est-ce pour moi, réponds, que de ma conscience
Je me suis exilé? Dans mon impatience
De te faire plus grand, je me serais vendu.
Mes crimes, mes remords, et mon repos perdu,
N'est-ce rien que cela? c'est plus qu'on ne suppose:
C'est l'enfer dans un cœur, c'est le regard qui n'ose
Sonder les profondeurs de l'abîme où l'on va...
Et c'est ton bonheur seul que mon amour rêva.

FERDINAND recule d'effroi.

Oh! ne me dites pas que c'est pour moi, de grâce!
Le reflet de ce crime, en me touchant, me glace.
Il vaudrait mieux mourir sans prêtre à ses côtés,
Que de servir d'excuse à tant de lâchetés!

LE PRÉSIDENT.

Misérable!... Mais non, achève, c'est justice,
Que pour punir un crime un crime s'accomplisse;
Que le père coupable, en son fils innocent
Trouve un juge sévère. O Seigneur tout-puissant!
Vous l'entendez!... Pour lui j'aurais vendu mon âme,
Et c'est lui qui m'accuse! et c'est lui qui me blâme!
Il se fait juge enfin de mon triste passé...
Pour qui, mon Dieu, pour qui fûtes-vous offensé?...
Quand mon cœur se déchire, il se pose en victime;
Il reçoit la fortune et me laisse le crime!

FERDINAND.

Gardez votre héritage!... Oh! solennellement
J'y renonce.

LE PRÉSIDENT.

                  Tais-toi! c'est un dur châtiment
Que de trouver son fils en travers de sa route...
Tais-toi... n'exerce pas ma patience... écoute:
Si les choses suivaient ton espoir, insensé,
Tu ramperais bientôt dans la fange... chassé
Par tous les hommes forts qui connaissent la vie.

FERDINAND.

Les honneurs, à ce prix, ne me font point envie.
Plutôt pour une aumône implorer le passant,
Flatter le malheureux que flatter le puissant.

LE PRÉSIDENT.

C'est superbe, d'honneur! et c'est d'un homme habile!

FERDINAND.

Entre deux actions, je choisis la moins vile.

LE PRÉSIDENT.

Magnifique ! mon fils me donne une leçon !
C'est traiter un vieillard un peu trop sans façon.
C'est fâcheux ! à mon âge on a la tête dure,
Et dans une leçon on ne voit qu'une injure.
Nous ne comprenons pas... le cerveau se fait lent ;
Mais, pour ne pas laisser se rouiller ton talent,
Avant qu'un nouveau jour, Ferdinand, ne se lève,
Je veux, pour l'exercer, te donner une élève,
Tu prendras une femme... oh! tu t'y résoudras !

FERDINAND.

Mon père !

LE PRÉSIDENT.

            Dis ou fais tout ce que tu voudras...
On a porté ta carte à la grande-duchesse;
Tu t'y présenteras...

FERDINAND.

            Commettre une bassesse
Aussi grande, mon père... Aller chez la Milford !
Vous ne le pensez pas...

LE PRÉSIDENT.

            Mais si, j'y pense fort.

FERDINAND.

Mais vous n'ignorez pas ce qu'a fait cette femme ?
Les piloris sont là pour dire : elle est infâme !
Son nom est une injure, et dans tout le duché...
Mais je suis fou, vraiment, d'en paraître fâché.
Vous m'avez fait, mon père, une peur incroyable;
Voudriez-vous avoir pour fils le misérable
Qui, connaissant Milford, lui donnerait son nom ?..
Une prostituée être ma femme !... non...
J'ai pris au sérieux une plaisanterie...

LE PRÉSIDENT.

Peux-tu m'ôter vingt ans ? c'est moi qui me marie...
Le misérable, alors, c'est moi ! Me diras-tu
Que je suis un cœur lâche, une âme sans vertu ?

FERDINAND.

Je le dirai, mon père, ou que Dieu m'abandonne !

LE PRÉSIDENT.

Ton insolence est rare et veut qu'on lui pardonne.

FERDINAND.

Ne me tourmentez pas, mon père, plus longtemps ;
C'est de la cruauté ; voyez, je vous attends.
Dans l'état où je suis, on dit ce que l'on pense !
Me savoir votre fils, m'est pénible, et m'offense !..

(Le président fait un éclat de rire. — Continuant.)

Riez ! vous pouvez rire ! insensible à l'affront !
Riez ! mais dites-moi... mon père, de quel front
Oserai-je aborder le plus humble manœuvre ?..
Sa femme est toute à lui, sa femme, c'est son œuvre,
Il en est souverain... De quel front aborder
Le prince, mes amis, et comment demander
A cette fille même... une fille qui compte...
De me donner ma part d'infamie et de honte ?
Il faut, pour l'épouser, me mettre à sa hauteur !
A moi la femme ! à vous le puissant protecteur !

LE PRÉSIDENT.

Tu parles d'or, mon fils, et je te porte envie...

FERDINAND.

Si pour monter plus haut, il vous fallait ma vie,
Prenez ! elle est à vous ! je l'offre avec bonheur ;
Mais ne touchez jamais, mon père, à mon honneur !

LE PRÉSIDENT.

Merci, mon noble fils, c'est de la grandeur d'âme.
J'ai voulu t'éprouver !.. je ne sais qu'une femme
Qui soit digne de toi, la comtesse d'Ostheim ;
Elle t'appartiendra... je le veux...

FERDINAND, frappé de nouveau.

Le destin
S'acharne à me frapper... c'est un nouveau supplice.

LE PRÉSIDENT.

Je prétends qu'aujourd'hui ton bonheur s'accomplisse.

FERDINAND.

La comtesse d'Ostheim ne peut me rendre heureux !
Je ne saurais l'aimer... vous êtes généreux !
Plaignez-moi... je l'avoue, elle est irréprochable ;

Mais...

LE PRÉSIDENT.

Ah! ah! je vous tiens! vraiment, c'est admirable !
Oh! vous m'appartenez! je me l'étais bien dit,
Ce n'était pas l'honneur qui chassait milady
De ton cœur... n'est-ce pas? ta lâche hypocrisie
A fait, à ses dépens, beaucoup de poésie !..
Je comprends maintenant l'horreur qu'on témoignait,
Et je devine enfin ce qui t'en éloignait...
C'était le mariage !

(Ferdinand reste debout pétrifié, puis veut s'enfuir.)

Où vas-tu?.. je t'ordonne
De rester... pour savoir à quel prix je pardonne.
Je t'ai fait annoncer chez milady Milford.
Le prince a mon serment... Oh ! je suis le plus fort !..
Il faudra m'obéir... ou je saurai la cause
Qui te fait repousser ce que je te propose...
Et prends garde...

FERDINAND.

Comment ?

LE PRÉSIDENT.

Qui te fait donc rougir ?

FERDINAND.

Moi ! rien... ai-je rougi ?..

LE PRÉSIDENT.

Tremble! je vais agir !
Et si j'ai deviné... Mais ton obéissance,
J'en suis sûr maintenant, préviendra ma vengeance...
Un seul regard de moi fait trembler le duché.
J'ai toujours réussi dans ce que j'ai cherché;
Un caprice d'enfant me serait une entrave !
Non ! je brise, on le sait, qui me gêne ou me brave.
Tu verras milady ce soir, je le saurai...
Ne crois pas me mentir... iras-tu, dis?..

FERDINAND, avec un sourire.

J'irai !

FIN DU PREMIER ACTE.

ACTE DEUXIÈME

PREMIER TABLEAU

Le boudoir de lady Milford, élégamment meublé.

SCÈNE PREMIÈRE.

SOPHIE, MILADY.

SOPHIE, entrant vivement.

Les officiers s'en vont... Tiens, où donc est Madame?

MILADY, paraissant.

Eh bien?

SOPHIE.

La place est vide.

MILADY, portant la main à son front, à part.

Oh! j'ai là de la flamme!

(Haut.)

Et le major Walter?..

SOPHIE.

Mais...

MILADY.

Tu ne l'as pas vu?

(Elle se promène avec agitation.)

Sais-je ce que j'éprouve?... Oh! je l'avais prévu,
Il ne veut pas venir... j'étouffe.

(A Sophie.)

Qu'on me selle
Le plus fougueux cheval...

(A part.)

Je souffre autant que celle
Qu'agite le remords... J'ai besoin d'espérer.
Qu'il viendra, doux Seigneur! Je ne puis respirer.

(Haut.)

De l'espace, de l'air, l'azur du ciel... je tremble
Et je brûle à la fois :

(A part, mettant la main sur son cœur.)

Glace et feu, tout ensemble!

SOPHIE.

Madame est ennuyée ? A sa place, pourtant,
Je crois, moi, que j'aurais le cœur toujours content.
Reine aux yeux de la cour et du prince qui m'aime,
Je commande et je veux qu'on m'amuse quand même.
Mon caprice fait loi ; ce que la loi défend
Est permis pour moi seule...

MILADY.

             Hélas ! ma pauvre enfant,
Tu crois à mon bonheur ! tu me portes envie !
De tous ceux que tu vois passer leur triste vie
A vivre pour le duc, le plus malheureux sort,
C'est le mien, c'est celui de milady Milford,
De cette misérable et pauvre favorite ;
Qui te fait l'envier?.. Je connais le mérite
De chacun des valets qui composent la cour
De ce duc : je les vois à l'œuvre chaque jour.
« Du maître et des valets.

      (Avec emportement.)

            « Je donne un diamant
« A qui m'arrache une heure, une heure seulement
« A ce prince, à sa cour... Oh! quelle terre aride !
« Rien n'y pousse de grand ; tête et cœur, tout est vide.
« Oui, tout est mort chez eux ; un bon mot leur fait peur,
« Un élan généreux les glace de stupeur. »
Ressorts d'un mannequin dont je règle les poses,
Sont-ce des hommes?.. non, ce ne sont que des choses,
De simples instruments que mon bras fait mouvoir ;
Quand je n'ai pas horreur, j'ai pitié d'un pouvoir
Qui me coûte si peu...

SOPHIE.

      Mais, Madame, le prince
Est l'homme le plus beau de toute la province,
Et sa puissance ajoute encore à sa beauté.

MILADY, riant.

Son pouvoir peut créer un palais enchanté,
Si tel est mon désir ; il peut couvrir sa table
Des fruits venus de l'Inde et du vin délectable
Que sur ses flancs brûlés le Vésuve a mûris ;

      (Grave.)

Mais son cœur comprend-il ces beaux rêves nourris

Par ma triste pensée, et qu'elle a fait éclore
Comme une nuit obscure une brillante aurore.
Son cœur ne comprend rien aux nobles battements
Qui font parler le mien et causent mes tourments.
A son étroit cerveau rien de noble ne monte ;
J'ai vendu mon honneur, je l'avoue à ma honte ;
Mais mon cœur, Dieu merci, n'était pas du marché :
Je puis offrir mon cœur au cœur qui l'a touché.

(Un repos.)

La femme vient au monde, elle sert ou commande,
Le hasard, à son gré, peut la faire humble ou grande ;
Mais il n'est pas, vois-tu, plus noble volupté
Que de sentir son cœur chaudement abrité
A l'ombre d'un grand nom... la volupté suprême
Est d'être esclave, enfin, de l'homme que l'on aime.

SOPHIE.

C'est une vérité ; mais je ne pensais pas
Vous l'entendre exprimer, milady... sur vos pas
Naissent toutes les fleurs et toutes les tendresses,
Vous avez les honneurs, vous avez les richesses,
Vous régnez, en un mot... que voulez-vous encor ?

MILADY.

Eh ! que me font à moi ces grandeurs et cet or ?
D'aujourd'hui seulement tu me connais, Sophie.
Quand, à de faux plaisirs mon âme sacrifie,
Ne remarques-tu pas qu'au lieu de s'agrandir,
Mon désir diminue et cherche à s'étourdir ?
De plaisirs incessants, plus je me montre avide,
Plus ma tristesse est grande et plus mon cœur est vide.
C'est qu'un désir plus fort et plus impétueux
M'enlace avec ses bras d'enfant voluptueux.
Ce désir, c'est l'amour...

SOPHIE.

Que dites-vous, Madame ?

MILADY.

Je dis qu'il faut mourir ou l'aimer, que mon âme
Est à lui, qu'en tous lieux, elle le suit, hélas !
Je dis que je l'adore et qu'il ne viendra pas ;
Je dis que s'il ne vient, je meurs ; qu'à sa tendresse,
Je sacrifierais tout, mes trésors, ma noblesse,
Pour suivre mon amant, dans un désert, partout,

Quand sa voix me dirait : Viens !.. J'irais !.. Voilà tout.
Je l'aime !

SOPHIE.
Au nom du ciel, Madame, prenez garde...

MILADY.
Tu trembles !.. Qu'ai-je dit ? Aurais-je, par mégarde,
Parlé de choses ?.. Non, tu m'aimes, je le sais ;
Tu sauras tout.

SOPHIE, l'arrêtant.
De grâce ! oh ! j'en sais bien assez.

MILADY.
Ce mariage enfin... le monde et toi peut-être
Vous pensiez qu'il était commandé par le maître ;
Que ce n'était au fond qu'une intrigue de cour...
Cette douce union est l'œuvre de l'amour.

SOPHIE.
Je m'en doutais, Madame.

MILADY.
A toi je me confie ;
Écoute !.. Ils sont tombés dans mes piéges, Sophie,
Ce fou de maréchal, ce rusé président,
Et ce prince imbécile. Ils croient , en me vendant,
River plus fortement les anneaux de ma chaîne.
Oh ! les trompeurs trompés ! Je vous reprends ma haine,
Vous servez mon amour, vous me faites trouver
La porte de l'Éden que je n'osais rêver.

SOPHIE, qui a soulevé une portière.
« Madame, un serviteur du prince !
(Entre le serviteur.)

SCÈNE II.

LES MÊMES, LE SERVITEUR.

LE SERVITEUR.
« Son Altesse
« Présente son hommage à la Grande-Duchesse.
« Porte-lui, m'a-t-il dit, ces diamants ; je veux
« Qu'elle jour de sa noce ils ornent ses cheveux.
« Ils viennent de Venise...

MILADY, regardant les diamants.
« Ils sont beaux ! et je n'ose

« En demander le prix.

LE SERVITEUR, ironique.

« Oh ! rien, ou peu de chose.

MILADY.

« Comment, rien !.. es-tu fou ?

(Elle recule.)

« Mais ce regard moqueur

« Est plus dur qu'un reproche ; il me perce le cœur.

« Quoi, rien! ces diamants d'une valeur immense ?

LE SERVITEUR, de même.

« Hier, sept mille enfants sont partis pour la France.

« Ils vont en Amérique, où la mort les attend ;

« Madame, ils ont payé ces bijoux en partant.

MILADY.

« Mais tu pleures... qu'as-tu ?

LE SERVITEUR, regardant l'écrin.

« Ce sont de belles pierres.

(Avec un sanglot contenu.)

« J'ai deux fils là-dedans...

MILADY, à part.

« Que de pleurs, de prières !

« Que le ciel n'entend pas!

(Haut.)

« Dis-moi la vérité.

« Employa-t-on la force ?..

LE SERVITEUR, de même.

« Oh ! non, leur volonté

« Les a fait s'exiler! c'est une chose unique,

« Que leur empressement à gagner l'Amérique.

« Quelques-uns, il est vrai, mais des enfants perdus,

« Ont osé demander qui les avait vendus ;

« Et si le fils était plus au prince qu'au père ;

« Bref, combien s'achetaient les hommes à la paire ;

« Des fous ! Le colonel a dit au régiment :

« Fusillez ces bavards... Les soldats, bravement,

« Ont exécuté l'ordre, et l'on a vu les dalles

« Se couvrir de leur sang sous la grêle des balles !

MILADY.

« C'est horrible, mon Dieu ! Je n'ai rien entendu !

LE SERVITEUR.

« Vous étiez à la chasse, et vous avez perdu :

« C'était un beau spectacle où l'on voyait des mères
« Se mettre à deux genoux, et de larmes amères
« Couvrir de ces bourreaux la main teinte de sang.
« Oh! c'était un spectacle unique, intéressant !
« Où vieillards, jeunes gens, femmes et jeunes filles,
« Agiles ou perclus, portés par des béquilles,
« N'étaient qu'une prière immense ; où les parents
« Glaçaient les spectateurs de leurs cris déchirants.
« Mais le tambour battait et couvrait la prière.
« Le cœur qui ne veut pas entendre se fait pierre.
« La consigne exigeait, et le pauvre soldat
« Fit peut-être en pleurant ce qu'on lui commanda.
« C'était un beau spectacle...

MILADY.
　　　　« Horrible ! épouvantable !

(Rejetant l'écrin.)

« Point de ces diamants qui me rendraient coupable
« De cet assassinat... Mon Dieu ! j'ai trop souffert ;

(Repoussant l'écrin du pied.)

« Ils lancent dans mon cœur les flammes de l'enfer.

(Un repos.)

« Et l'on m'a dit pourtant que j'étais adorée,
« Que je séchais les pleurs de toute la contrée ;
« Une lumière affreuse a lui !... J'y vois enfin !
« De ces atrocités quelle sera la fin ?

(Au serviteur.)

« Va... dis au prince... Non, je lui dirai moi-même.

(A part.)

« Et cet homme pourtant peut penser que je l'aime !

(Haut.)

« Prends cela pour m'avoir appris la vérité.

(Elle jette une bourse pleine d'or dans le chapeau du serviteur.)

LE SERVITEUR ; il rejette la bourse avec dédain.

« Gardez, gardez cet or... je n'ai pas mérité
« Cette insulte, lady.

(Il sort en courant.)

SCÈNE III.

MILADY, SOPHIE.

MILADY, très-agitée.
　　« Cours après lui ! qu'on sache
« Sa demeure, son nom.

(A part.)
                    « C'est une rude tâche
« Que la mienne, ô mon Dieu ! pauvres enfants perdus !
        (Haut.)
« Mais quant à ses deux fils, ils lui seront rendus.
« Dis-lui, Sophie... Attends.
                    (Elle sonne.)
                            « Le feu sur la frontière
« A consumé, dit-on, une bourgade entière,
« Réduit ses habitants à la mendicité?
                    SOPHIE.
« On le dit.
        MILADY, au domestique qui entre, en lui donnant l'écrin.
            « Que cela soit à l'instant porté
« Dans ce canton... prenez et qu'on le convertisse
« En or.
                    SOPHIE.
    « Que voulez-vous ?
                    MILADY.
            « Que leur malheur finisse !
        (Elle renvoie le domestique d'un geste.)
« Ce que je veux ? Ne pas porter dans mes cheveux
« Leurs malédictions... Voilà ce que je veux.
« Perles et diamants, vains bonheurs qu'on encense,
« Ne valent pas les pleurs de la reconnaissance.
« Tous les trésors du monde ont pour moi moins de prix,
« Car ces pleurs en tombant éteignent le mépris. »
        (Entre le domestique.)
                LE DOMESTIQUE.
Le major de Walter.

SCÈNE IV.

LES MÊMES, LE DOMESTIQUE.

    SOPHIE s'élançant vers sa maîtresse.
        Vous pâlissez, Madame.
    MILADY, dans une grande agitation.
C'est le premier effroi qui me traverse l'âme,
Cet homme me fait peur. Allez, Fritz, allez donc.
Non, restez... paraît-il heureux ? Mon Dieu ! Pardon !
Je ne sais plus vraiment... Le ciel me soit en aide.

Je n'y suis pas... Mais si...

(A Sophie.)

Que je dois être laide !

SOPHIE.

Madame, au nom du ciel !

LE DOMESTIQUE.

Faut-il le renvoyer ?

MILADY.

Oui !.. non... je ne sais plus... oh !.. Je vais essayer
De me remettre ; allez, qu'il vienne,

(Le domestique sort.)

Et que je meure.

(A Sophie qui veut sortir.)

Tu ne me quittes pas... si... va-t'en, non, demeure !

SOPHIE.

Remettez-vous, Madame, il est là... je l'entends.

(Entre Ferdinand.)

SCÈNE V.

MILADY, FERDINAND, SOPHIE.

FERDINAND, après une légère révérence.

Si je vous interromps...

MILADY, très-troublée.

Moi !.. non ; je vous attends.
Rien autant que cela, Monsieur, ne peut me plaire.

FERDINAND.

Je suis venu, lady, sur l'ordre de mon père.

MILADY.

Je l'en remercierai.

FERDINAND.

Vous savez son projet ?
Il veut nous marier.

MILADY.

S'est-il à ce sujet
Enquis si votre cœur...

FERDINAND, l'interrompant.

Non, il a trop à faire
Pour s'occuper du cœur quand il traite une affaire.

MILADY, dans une angoisse qui étouffe sa voix.

Vous-même, n'avez-vous rien à dire à ceci ?

FERDINAND, indiquant Sophie du regard.

Oh! beaucoup trop, Madame.

(Milady fait signe à Sophie de sortir. — Sophie sort.)

SCÈNE VI.

MILADY, FERDINAND.

MILADY, lui montrant un sofa.
Asseyez-vous.

FERDINAND.
Merci.
J'aurai bientôt fini .. Vous savez qu'on me nomme
Ferdinand de Walter, que je suis gentilhomme,
Homme d'honneur surtout.

MILADY.
Je sais apprécier...

FERDINAND, l'interrompant.
Vous savez que de plus on m'a fait officier.

MILADY.
Ces titres sont communs à toute la noblesse,
Vous en avez encor de plus grands... c'est faiblesse
Que de n'en parler pas...

FERDINAND, avec dédain.
C'est inutile ici.

MILADY.
Expliquez-vous, Monsieur.

FERDINAND.
Je m'explique; voici :
Ma noblesse, mon rang, mon honneur susceptible,
Sont à notre union un obstacle invincible.

MILADY.
Mais qu'est-ce donc, Monsieur, que ce ton de vainqueur?

FERDINAND.
Ce ton qui vous surprend c'est la voix de mon cœur,
Celle de ma naissance.

MILADY.
Et celle de l'épée
Que vous tenez du duc.

FERDINAND.
Vous vous êtes trompée!..

Je la tiens par sa main de notre nation :
On ne peut me l'ôter sans sa permission.
Je tiens mon nom d'aïeux dont la mémoire est sainte,
Je tiens mon cœur de Dieu !

MILADY.
Le duc...

FERDINAND.
Dans cette enceinte
Le duc peut ce qu'il veut, mais il peut se tromper,
Dieu ne se trompe pas ! Le duc peut-il frapper
Les âmes à son coin, comme son or, Madame ?
Le duc peut abriter la honte d'une femme
Sous un manteau d'hermine... il ne saurait fermer
La bouche à mon honneur !

MILADY.
Et vous faire m'aimer ?
Ah ! monsieur le major !..

FERDINAND.
Vous vous dites Anglaise,
Je n'en crois rien, Madame. Oh ! tenez, qu'il vous plaise
M'écouter jusqu'au bout. Fille du peuple anglais !
Vous, que le ciel fit libre, esclave en ce palais,
Vous osez soutenir que la libre Angleterre
Vous a donné naissance ! Il n'est pas sur la terre
De nation plus grande. Il n'en est pas aussi
De plus fière, et pourtant que faites-vous ici ?
Vous vous êtes vendue, Anglaise et courtisane,
Aux vices d'une cour.

MILADY.
Monsieur !

FERDINAND.
Tout vous condamne.
Vous, fille des Anglais ! non ; votre cœur alors
Serait d'autant plus vil que les leurs sont plus forts.
Vous avez pris sans doute un nom de contrebande...
          (Milady frémit.)
L'Anglais ne rampe pas, ne sert pas... il commande.
          MILADY, retombant accablée sur son fauteuil,
Vous m'accusez, Monsieur ; je n'ai pas mérité...
          FERDINAND.
Comment ! jeunesse, esprit, amour, grâce, beauté,

Présents venus du ciel pour le bonheur d'un homme,
Ont été sans pudeur dépensés, Dieu sait comme !
Ils servent aux plaisirs d'un puissant corrompu ;
C'est monstrueux, tenez ! Comment avez-vous pu,
Sachant qu'il ne voyait en vous rien que la femme,
Vous livrer si longtemps à ce commerce infâme ?
Vous allez m'alléguer, quoi ? l'attrait du plaisir,
L'âge, la vanité, que sais-je ?.. le désir
De régner sur un prince ou le besoin de vivre ;
Vous direz qu'à l'honneur la vertu peut survivre ;
Que l'on ne perd jamais son honneur en entier,
Et qu'on peut ennoblir un odieux métier
Par l'usage qu'on fait du pouvoir qu'il vous donne...
Mais pourquoi ce pays, que le ciel abandonne,
Est-il plus pressuré qu'il ne le fut jamais ?
Pourquoi, pourquoi les cœurs vous sont-ils tous fermés ?
Oh ! je ne comprends pas que vous osiez, sans honte,
Après tout ce qu'il sait d'horrible à votre compte,
Prendre un homme d'honneur pour un pareil hymen !
Ma main se flétrirait en touchant votre main.
J'ai dit.

MILADY se lève, à part.

Vous l'entendez, mon Dieu ! que faut-il faire ?
Après tant de mépris, je ne dois plus me taire.

(Haut, avec douleur et noblesse.)

Vous êtes le premier qui me parliez ainsi...
De ces blessants discours, merci, Monsieur, merci !
Vous rejetez ma main, et je vous en estime ;
Vous doutez de mon cœur, c'est affreux, c'est un crime.
Je vous pardonne ; mais qu'aussi profondément
Le vôtre me méprise , il vous trompe et vous ment.
Non, non, celui qui peut insulter une femme,
Qui croit pouvoir traiter de faussaire et d'infâme
Celle qui le perdrait d'un mot, ne pense pas
Que son cœur soit tombé d'aussi haut aussi bas,
Ou cet homme est un fou, monsieur Walter.

FERDINAND.

Madame !

MILADY.

Oh ! je souffris longtemps sans devenir infâme !
Vous faites retomber sur mon front les douleurs

De ce pauvre pays. J'ai causé les malheurs
Qui frappent la contrée !... ah ! que Dieu vous pardonne,
Ce Dieu qui voit pâlir sous sa double couronne
Le front que vous courbez, ce Dieu puissant qui doit
Nous juger tous un jour, le prince, vous et moi !

FERDINAND, appuyé sur son épée.

J'attends.

MILADY.

C'est une triste et dure pénitence
Qu'une confession faite à qui nous offense.
Écoutez donc, Monsieur; je n'aurai confié
Mon secret qu'à vous seul; vous avez défié
Mon cœur, il parlera. Je descends d'une race
Malheureuse, mais grande et dont on suit la trace
Au sang qu'elle a versé pour ses rois, car toujours
Les Norfolk ont donné leur honneur et leurs jours
Aux princes qu'ils aimaient. Le dernier fut mon père;
Il était chambellan du roi... qui laissa faire.
Accusé de trahir pour un peuple étranger
Et son peuple et son prince... on devait le juger.

(Comme pressée d'en finir, récit entremêlé de sanglots.)

Il fut décapité ! Walter, cette sentence
Fit deux morts à la fois : ma mère !... oh ! quand j'y pense...
Elle mourut le jour de l'exécution.
Là, ne s'arrêta pas la persécution :
On m'exila, Monsieur, j'avais treize ans à peine.
Je quittai mon pays, le cœur rempli de haine :
On tuait mes parents; richesse, amour, bonheur,
N'avait-on pas tout pris, tout, jusqu'à mon honneur,
Tout, jusques à mon nom? Je vins en Allemagne
Avec ma gouvernante, une vieille compagne
De ma mère; elle avait vu le jour sur le Rhin.
Elle emportait, Walter, ma fortune, un écrin...
Quelques bijoux cachés par cette pauvre fille,
Alors qu'on dépouillait, qu'on tuait ma famille,
Et cette croix...

(Elle tire de son corset une petite croix en brillants et la lui montre.)

Qui fait ma consolation...
Je la reçus avec... la bénédiction
Que me donna ma mère en mourant...

FERDINAND.

Pauvre femme !

MILADY.

Oh! je souffris longtemps sans devenir infâme !
Six ans s'étaient passés dans les pleurs et la faim ;
Ma gouvernante était morte... et j'avais enfin
Vendu jusqu'au dernier tous mes bijoux...

(Elle s'arrête et sanglotte.)

FERDINAND.

Madame !

MILADY.

J'épuisai jusqu'au bout les forces de mon âme !...

(Plus calme.)

Écoutez... Chaque jour je venais tristement
M'égarer sur les bords de l'Elbe au flot dormant.
Et je me demandais : Que fais-tu dans ce monde ?
Plus que ce flot profond, ta misère est profonde !
Et ces pensers de deuil me rappelaient parfois
Tous mes plaisirs d'enfant, mes grandeurs d'autrefois ;
Mais auprès du bonheur qui berça ma jeunesse,
L'image de la mort reparaissait sans cesse.
Hélas ! ce fut alors, Walter, que le destin
Conduisit votre duc à Hambourg un matin.
Mon corps avait besoin d'appui, comme mon âme
A besoin de t'aimer... Je le crus, pauvre femme...
Voilà tout... Maintenant, tu peux me condamner.

FERDINAND.

Qu'ai-je fait? Pourrez-vous jamais me pardonner ?

MILADY.

Écoutez... Je suivis le prince, j'étais pure,
Et je ne pensais pas succomber, je le jure ;
Car le sang des Norfolk parlait toujours en moi.
Mais quand je fus ici, vous dire mon effroi,
Ma douleur, en voyant cette pauvre contrée
Dans la corruption affreusement vautrée...
Vous comprenez, Walter, qu'on ne le puisse pas.
Oh! c'était un spectacle horrible... à chaque pas,
Les époux divisés, les choses les plus saintes,
Les droits les plus sacrés foulés aux pieds. Des plaintes,
Des menaces, des cris, des larmes et du sang,
Plus de justice enfin, plus de cœur innocent.

Tout avait succombé. Le monstre insatiable
Avait tout englouti. C'était épouvantable !
La pitié dans mon cœur l'eut bientôt emporté
Sur mon orgueil, Walter, et sur cette fierté
Dont vous parliez tantôt. Je crus ma chute utile,
Je tombai ! je parus alors infâme et vile
Aux regards du monde ; oui, le monde avait raison :
Savait-il que ma chute ouvrait une prison,
Fermait une blessure, et versait dans le monde
De consolations une aumône féconde ?...
Savait-il que la main qui tenait renversés
Les puissants, se tendait aux faibles terrassés ?
Que m'importe, après tout, le monde et sa justice,
Si ce que tu voulais, Ferdinand, que je fisse,
Je l'ai fait ? il suffit. Et cependant c'est toi,
C'est l'homme que le ciel avait créé pour moi,
L'homme qu'il me devait pour prix de ma souffrance,
C'est lui qui me condamne et c'est lui qui m'offense !

FERDINAND, l'interrompant.

Épargnez-moi, de grâce !

MILADY, lui prenant la main.

Oh ! non, je dois parler...
Maintenant ou jamais... c'est trop dissimuler.
J'ai montré l'héroïne, il faut que tu connaisses
Le sujet de mes pleurs, la femme et ses faiblesses.
Je t'ai dit qui j'étais... Écoute maintenant
Ce que je voudrais être.

(Avec tendresse.)

Écoute, Ferdinand.
Que ferais-tu, dis-moi, malgré sa résistance,
Si, jetée à tes pieds par une force immense,
Puissante, irrésistible, une femme venait
Et te parlait ainsi : mon cœur t'appartenait,
Un cœur rempli d'amour, amour inépuisable,
Mais je n'osais t'offrir le cœur d'une coupable
Qui t'aime, Ferdinand, d'un amour insensé.
Oserais-tu lui dire encor ce mot glacé,
Ce pâle mot d'honneur, si cette malheureuse
Que le remords accable, à tes genoux, honteuse,
Se roulait et priait, et te disait... attends...
J'étais folle, tu sais, mais il est encor temps,

Tu peux chasser la honte et peux sauver mon âme,
Et qu'elle t'entourât de ses bras, cette femme ,

(Elle l'entoure amoureusement de ses bras.)

Qui te dirait : Le ciel, toi seul peux me l'ouvrir;
La vertu, dans mon cœur, par toi peut refleurir;
Le veux-tu, Ferdinand?

(Elle détourne son visage, et continue en sanglotant.)

Oh! si tu la repousses,
Si tu fermes le ciel où les voix sont si douces,
Si tu laisses tomber ces besoins de vertu,
L'enfer va se rouvrir... réponds, que ferais-tu?

FERDINAND, se dégageant de ses bras et très-oppressé.

Que dites-vous? Il faut...

MILADY.

Ne réponds pas, de grâce!
Non, par Dieu qui m'entend, par tes mains que j'embrasse,
Dans ce moment horrible où je sens le remord
Me déchirer le cœur... c'est la vie ou la mort.
Oh! non, ne réponds pas, Ferdinand, daigne attendre :
Je n'ose, je ne peux, je ne veux pas t'entendre.

FERDINAND.

En venant, je me suis étrangement mépris ;
J'ai cru ne voir en vous qu'un objet de mépris,
Je l'espérais ; enfin j'avais la conscience
D'emporter votre haine en vous laissant l'offense.
Heureux si mon projet, Madame, eût réussi.
J'ai lu dans votre cœur, écoutez donc aussi,
Et lisez dans le mien : J'aime une jeune fille
De naissance bourgeoise et de pauvre famille.
Le père est organiste et rien ne la défend
Contre votre courroux.

(Milady détourne la tête.)

J'ai perdu cette enfant...
J'ai déchiré, lady, sa robe d'innocence;
C'est une lâcheté. La voix de la prudence
M'ordonne de la fuir, de ne plus la revoir;
Mais je n'écouterai que la voix du devoir.
De l'amour à l'honneur que la lutte s'engage,
D'avance je connais le vainqueur... mon courage
Est plus fort à lui seul que tous les préjugés!

MILADY.

Mon Dieu!

FERDINAND.

Qu'en dites-vous?

MILADY.

Rien. Que vous nous jugez ;
Que vous venez, Walter, de signer la sentence
Qui nous frappe tous trois.

FERDINAND.

Tous trois...?

MILADY.

Oui! plus j'y pense,
Moins je vois le bonheur possible pour nous deux ;
Car la main, sans le cœur, n'est qu'un marché hideux.
Le cœur ne suivra pas cette main qu'on me donne,
Sans amour... forcément.

FERDINAND.

Que le ciel me pardonne!
Je crois comprendre enfin... Vous comptez donc avoir
La main, malgré le cœur, sans le cœur ; recevoir
Le mari sans l'amant!.. Non, vous qui, tout à l'heure...
Non, vous ne voudrez pas, milady, qu'elle meure.
Je suis son univers... elle n'a, cette enfant,
Qu'un cœur qui lui répond, qu'un bras qui la défend ;
C'est mon bras, c'est mon cœur, voulez-vous tout lui prendre?

MILADY.

Je le dois.

(Avec force, et sérieusement.)

Mon amour aurait pu vous entendre:
Hier, il vous eût dit oui; mais hélas! maintenant
Mon honneur vous dit non. Vous savez, Ferdinand,
Que la chose est publique et qu'elle nous enchaîne
Fatalement tous deux. Tous les traits de la haine
Sont dirigés sur moi ; sur mon front vont peser
Les regards de la foule ; oser me refuser,
C'est publier ma honte et me rendre odieuse!

(Avec prière.)

Vous ne le ferez pas, je suis trop malheureuse !

(Voyant Ferdinand se détourner sans répondre.)

Ce mariage, au reste, il doit être... il sera...
Je ne vous retiens plus.

(Ferdinand va répondre, s'arrête, et sort dans une grande agitation. Sophie entre et reçoit Milady dans ses bras.)

MILADY, à Sophie.

Cet amour me tuera.

DEUXIÈME TABLEAU

La chambre du musicien.
—

SCÈNE PREMIÈRE.

MILLER, LA FEMME, LOUISE.

MILLER, agité.

Ne l'avais-je pas dit?

LOUISE.

Qu'aviez-vous dit, mon père?

MILLER, se promenant dans la chambre.

Vite, mon bel habit... Mon Dieu! mon Dieu! que faire?
Ma chemise à jabot... Je l'avais bien prévu.

LOUISE, le suivant.

Parlez-nous.

LA FEMME.

Qu'est-ce donc? qu'a-t-on fait? qu'as-tu vu?

MILLER.

On a fait?... Et ma barbe... Allez, que l'on m'appelle
Le perruquier du coin. Qu'a-t-on fait? me dit-elle,
Qu'a-t-on fait? que ta langue horrible a tout produit,
Que l'orage sur nous peut tomber aujourd'hui;
Voilà ce qu'on a fait.

LA FEMME.

Et c'est moi qu'on accuse?

MILLER.

Qui peut-on accuser?... Réponds, quelle est la buse
Qui parla ce matin de ce noble étourdi?
Aussitôt entendu, monsieur Wurm l'a redit
Tout chaud au président... Que le diable t'emporte!

LA FEMME.

Comment peux-tu savoir?...

MILLER, la conduisant à la fenêtre.

          Tiens, regarde à la porte,
Ce drôle galonné du haut jusques en bas,
Par ordre du ministre, il observe mes pas,
Ou ceux du beau galant de ta chaste Louise.

LOUISE.

Pitié, mon Dieu ! je meurs !

MILLER.

          Voilà de ta sottise
La suite inévitable... Ah ! qu'il a bien raison
Le proverbe qui dit : Si dans une maison
Le diable pond un œuf, il en sort une femme !
Que n'ai-je appris plus tôt tout ce commerce infâme !

LA FEMME.

Qui sait ce qui t'attend ? le prince peut vouloir
Comme musicien, t'employer... vas y voir.

MILLER.

Que ne puis-je arracher ta langue de vipère !

LOUISE.

Que je souffre, ô mon Dieu ! de grâce, mon bon père !

MILLER.

Que ce gratte-papier passe sur mon chemin,
Qu'il puisse me tomber une fois sous la main !
Oh ! qu'il y vienne un jour, dans ce monde ou dans l'autre,
Je lui broierai le cœur, comme il broya le nôtre...
Je sors, je vais aller trouver le président !
Je lui déclarerai...

          (S'interrompant, à sa femme.)

          Tu savais cependant
Tout ce qui se passait.

          (Il se prend la tête dans les mains.)

LA FEMME.

          Tempête... mais que faire ?
Réponds-moi donc, Miller, c'est aussi ton affaire.

MILLER, se relevant.

Ils s'aimaient sous tes yeux, tu devais pressentir
Quelle en serait la suite... et ne pas m'avertir !
Comment sortir de là ?

          (A la femme.)

          Tu commis la folie,
Et tu tiras le vin. Bois-le jusqu'à la lie,

Quant à moi, je me sauve et vais à l'étranger,
Ma fille sous le bras, vivre loin du danger.

(Il veut entraîner sa fille qui résiste et est retenu par sa femme qui pleure.
Ferdinand entre dans la chambre, hors d'haleine.)

SCÈNE II.

LES MÊMES, FERDINAND, puis LE PRÉSIDENT.

FERDINAND.

Mon père est-il venu ?

LOUISE, avec un cri d'effroi.
Son père... Dieu puissant !

LA FEMME, de même.

Son père !

MILLER.
Tout est dit ! c'est le couronnement
De l'œuvre de malheur !..

(Il tombe accablé sur sa chaise.)

LOUISE.
Oh ! ma mort est certaine !

(A Ferdinand.)
Mot terrible, son père ! Il vient, lui... qui l'amène ?
Que veut-il ?

FERDINAND.
Oh ! rien, rien, non, tout est surmonté,
Et nous nous aimerons, Louise, en liberté.
Laisse-moi respirer sur ton cœur.

(Avec égarement.)
Mais regarde...
Regarde, milady... toi, mon père, prends garde !
Tu veux nous séparer, tu n'accompliras pas
Cet horrible projet... Sa mort, c'est mon trépas !
C'est nous tuer tous deux. Puis-je égorger cet ange ?
Oh ! non, c'est impossible, et cet homme est étrange !
Dût la foudre éclater, ton amour m'appartient,
Et s'il put résister, c'est que Dieu le soutient !
Que Dieu soit notre juge. A sa toute-puissance
Je livre notre amour ; si notre amour l'offense
Il nous le prouvera. Mais non, tout est prouvé :
J'ai vaincu, grâce à lui, c'est lui qui m'a sauvé.
Je viens de soutenir une lutte terrible !

LOUISE.

Hélas! tout ce qu'il dit est d'un présage horrible.
Oh! parle, explique-toi... ce nom de milady
Il a glacé mon cœur... tu sais ce que l'on dit:
On veut la marier.

FERDINAND, se jetant au cou de Louise.

Avec moi, ma Louise;
Comprends-tu mon malheur?

LOUISE, se dégageant des bras de Ferdinand.

Voilà qui réalise
Tous mes pressentiments.

(Elle se jette dans les bras de son père en pleurant.)

Vous me l'aviez bien dit,
Je ne voulais pas croire... Oh! cet amour maudit!

(Elle pleure.)

Ta fille te revient... Pardon, est-ce sa faute
Si d'un rêve aussi beau, la chute est aussi haute,
Si terrible, oh! mon Dieu!

(Elle pleure très-fort.)

MILLER.

Louise, mon bonheur!

(A sa femme.)

Ah! maudite sois-tu, toi qui pris son honneur,
Et vendis notre enfant... Donnez-moi du courage!

(A sa femme.)

Jouis de son effroi... ces pleurs sont ton ouvrage;
Que le courroux du ciel...

LA FEMME, à son mari.

Oh! ne me maudis pas.

(Au baron qui veut sortir.)

Si vous sortez, baron, je m'attache à vos pas.
Vous ne pouvez laisser mon enfant de la sorte ..

MILLER, se levant.

Puisqu'il nous a tout pris... pourquoi pas? qu'il l'emporte!

FERDINAND, s'élance vers la porte, avec rage.

Ah! mon père!

MILLER, l'arrêtant.

Un moment... ne partez pas ainsi,
Tu veux fuir le danger... attends ton père ici:
Si tu n'es pas un monstre, un imposteur infâme,
Dis-lui comment tu pris le cœur de cette femme.

(En lui jetant avec violence sa fille.)
Ou par le ciel il faut qu'avant brisé le cœur,
Tu lui brises le corps! Allons! mon beau vainqueur,
Finis ton œuvre, afin que chacun ait son compte :
A toi son sang, Walter, à moi, Miller, sa honte.

FERDINAND.
Viens ici, ma Louise, et daigne m'écouter.
Ta main...
(Il lui prend la main, à Miller.)
Et puisse Dieu ne jamais m'assister,
Même au dernier soupir. Pour qu'elle soit ravie
A mon amour, il faut qu'on m'arrache la vie.
(A Louise.)
Je l'ai déjà juré, mon âme à toi, toujours!

LOUISE.
Ne me regarde pas... oh! la paix de mes jours!..
Ne me regarde pas; ton regard est terrible,
Il se passe en ton cœur quelque chose d'horrible.

FERDINAND.
Ne tremble pas, enfant, le péril est passé;
Dans ce moment suprême où le cœur oppressé
Sait se faire obéir, ne crains rien, ma Louise,
Ma résolution, grâce au ciel, elle est prise.
(Louise fait un geste de doute douloureux.)
Cet espoir ne part pas du cœur d'un insensé,
Ne tremble plus, enfant, le péril est passé.
Tu deviendras ma femme, et mon cœur qui l'espère
Saura te protéger, même contre mon père.
Qu'il vienne.
LE PRÉSIDENT *entre accompagné de domestiques.*
Le voici.

SCÈNE III.

LES MÊMES, LE PRÉSIDENT.

LOUISE.
Grands dieux !
LE PRÉSIDENT, *à son fils.*
Vous avez dit
Qu'il vienne; il est venu.
MILLER.
Je l'avais bien prédit.

FERDINAND.

Lui dans cette maison !

LE PRÉSIDENT, à Miller.

N'êtes-vous pas le père?

MILLER.

Oui, Miller, l'organiste.

LE PRÉSIDENT, à la femme.

Et vous, femme, la mère ?

FERDINAND, à Miller.

Éloignez votre fille...

(A son père.)

Oh ! par pitié, voyez...

Elle se trouve mal.

LE PRÉSIDENT, railleur.

Vraiment! vous y croyez ?

Je connais le moyen de la guérir.

(A Louise.)

La belle,

Depuis quand voyez-vous mon fils?

(Il la secoue.)

Répondra-t-elle?

Je vous ai demandé...

LOUISE.

Je l'ai bien entendu.

Depuis bientôt six mois.

LE PRÉSIDENT.

Il ne vous est rien dû?

Ne vous a-t-il pas fait des promesses... sans doute?

Un homme en fait toujours... parlez, je vous écoute.

FERDINAND.

Oui, j'ai juré, mon père, et solennellement,

De la prendre pour femme...

(Fier et regardant Louise.)

Et je tiens un serment.

LOUISE, avec tendresse.

Et je tiendrai le mien.

LE PRÉSIDENT, riant.

L'alliance est jolie !

(A Louise.)

C'est du dévergondage...

(A son fils.)
Et vous de la folie.

FERDINAND, d'une voix ferme.

L'engagement est saint.

LE PRÉSIDENT.

Sot qui fait l'important!

Je te ferai chasser...

(A Louise.)
Il vous payait comptant?

LOUISE.

Je ne vous comprends pas.

LE PRÉSIDENT.

Je veux dire, ma chère,
Qu'un honnête métier mérite son salaire.

LOUISE, comprenant.

Ah!

(Elle se cache la tête dans les mains.)

FERDINAND.

Par l'enfer, Monsieur, qu'est ceci, répondez?

LE PRÉSIDENT, froidement, indiquant Louise.

Ce n'est rien, un jouet, enfant, que vous perdez.

FERDINAND, se contenant.

Vous oubliez, Monsieur, tout le respect qu'impose
La vertu d'une femme.

LE PRÉSIDENT, riant très-fort.

Oh! la plaisante chose!

Respecter sa maîtresse... Oh! le fol amoureux
Qui veut qu'on la respecte!

(Ferdinand, furieux, fait un pas vers son père. Louise s'accroche à lui.)

LOUISE.

Arrête, malheureux!

MILLER, qui s'était tenu à l'écart s'approche du président.

J'étais là dans un coin, je vous écoutais faire,
Je me disais: Ces gens embrouillent leur affaire:
Le jeune est un peu fou... le vieux est insolent.

(Le ministre fait un geste, Miller s'éloigne.)

C'est mon opinion, révérence parlant.
... Tu n'as pas à paraître en ces disputes folles.
Ils ne disputent pas, ils répètent leurs rôles,
Ils n'insulteraient pas ta fille en ta maison:
Sois tranquille, Miller...

LE PRÉSIDENT, à son fils.

Il n'a plus sa raison?

MILLER.

Excellence, l'enfant appartient à son père :
L'insulter lâchement...

LE PRÉSIDENT, indiquant son fils et Miller.

Bon! les deux font la paire,
Ils se sont entendus.

(Il rit.)

MILLER.

L'insulter lâchement
C'est donner un soufflet à son père.

LE PRÉSIDENT, marchant vers lui.

Ah! vraiment?

MILLER, s'éloignant.

C'est comme ça chez nous, révérence parlée.

LA FEMME.

Rendez-lui la raison, elle s'en est allée.
Secourez-nous, mon Dieu!

LE PRÉSIDENT.

Tu te fâches aussi!
Nous parlerons tantôt de ton métier...

MILLER.

Merci.

Je m'appelle Miller et je suis organiste.
Je n'ai pas de leçons galantes sur ma liste :
Les affaires d'amour ne me regardent pas.
Vous les traitez trop bien... je vous cède le pas...
Du reste, Monseigneur, c'est un doux privilége
Qui répugne aux bourgeois.

(Le président s'approche, Miller s'éloigne.)

Et que Dieu nous protége!

LA FEMME.

Au nom du ciel, Miller, songe à qui tu parlais...

MILLER, se montant; il repousse sa femme.

Tais-toi.

(Au président.)

Votre Excellence ordonne en son palais;
Ici, je suis chez moi. Si je vous fais remettre
Une pétition... Bien, vous serez le maître,
Et moi le serviteur... Je chasse l'insolent

Qui m'insulte chez moi, révérence parlant.
(Le président se retourne et le regarde en face, Miller baisse les yeux.
C'est mon opinion.

LE PRÉSIDENT.
                        Allons, qu'on en finisse!
Que l'on aille quérir les gens de la justice.
                (Un valet du ministre sort.)
Ah! je me vengerai de vous, terriblement.
Ils pensaient qu'on pouvait braver impunément
Mon trop juste courroux; cette race imbécile
Renverserait mes plans? Il est dans cette ville,
Une maison de force, et des maisons de fous,
Vous y périrez tous.

LA FEMME.
                Ah! c'en est fait de nous!

FERDINAND, s'avançant avec tranquillité au milieu d'eux.
Je suis là, mes amis, n'ayez donc nulle crainte :
Si jusques à présent.
                (A Miller.)
                        Ta voix seule s'est plainte,
La mienne va parler à son tour.
                (A son père d'un air soumis.)
                                Vous savez
Ce que je suis, mon père... Eh bien! si vous avez
Quelque soin de vous-même, au nom de la prudence,
Plus d'insultes surtout et plus de violence;
Car il est dans mon cœur un endroit interdit
A votre nom, mon père, il n'y fut jamais dit.
N'allez pas jusque-là... Si mon respect tolère...

LE PRÉSIDENT.
Mais toi-même, imprudent, redoute ma colère...
Ah! voici les agents.
        (Ferdinand reçoit Louise qui tombe à demi morte dans ses bras.)
                FERDINAND, à son père.
                        Vous la tuez, cessez.
Dans son cruel effroi, Louise meurt...

LE PRÉSIDENT.
                                Assez!
        (Aux gens de justice en montrant sa plaque et son cordon.)
Au nom du duc, Messieurs, je réclame main-forte
                (A Ferdinand.)
Laisse là cette fille.

FERDINAND.
Elle est morte, elle est morte !

LE PRÉSIDENT.
Allons donc! nous saurons la faire revenir.

LA FEMME, à genoux.
Grâce, grâce! Excellence; ah! c'est trop nous punir !

(Ferdinand est tout entier à Louise.)

MILLER, faisant relever sa femme.
On se met à genoux devant Dieu, sotte femme,
Et non devant...

LA FEMME, implorant.
Miller!

MILLER.
Ce...

LA FEMME.
Miller, par ton âme
Par ta fille, tais-toi !

MILLER.
Suis-je pas condamné ?
Non devant ce maudit, ce scélérat damné,

LE PRÉSIDENT.
En prison! et prends garde, une pareille offense
Peut, lorsque je le veux, conduire à la potence.

(Aux agents.)
Emportez cette fille.

(Les gens de justice s'avançant.)

FERDINAND, les mains sur son épée.
Osez en approcher,
Qui fait un pas est mort, que l'on vienne y toucher!

LE PRÉSIDENT.
Obéissez, Messieurs.

(Les gens de police font un pas de plus.)

FERDINAND, dégainant.
Allons! arrière, arrière!
Mon père, pour vous-même, écoutez ma prière...

LE PRÉSIDENT, aux agents et furieux.
Faites votre devoir, coquins.

FERDINAND.
En vérité,
C'est lancer, ô mon père, à la Divinité
Une sanglante injure. Oh! l'échange sinistre!

D'un excellent bourreau, faire un mauvais ministre !

LE PRÉSIDENT.

Emmenez-la.

FERDINAND.

Monsieur ! ce n'est pas cette enfant,
Non, c'est son propre honneur que votre fils défend !

LE PRÉSIDENT.

Mais emmenez-la donc !..

FERDINAND, mettant la pointe de son épée sur la poitrine de son père.

S'ils font ce que vous dites...

(Le président fait signe aux agents d'obéir ; Ferdinand laisse tomber son épée
et la jette loin de lui.)

Je vous devais la vie... Allez, nous sommes quittes.

LE PRÉSIDENT, aux agents.

Faites votre devoir !... je le veux !

FERDINAND, au président.

Imprudent !

(Rires du président.)

Je nomme l'assassin de l'ancien président !!

LE PRÉSIDENT, hors de lui.

Arrêtez ! que dit-il, et que viens-je d'entendre !

(Indiquant Louise.)

Elle est libre, Messieurs, vous pouvez la lui rendre !

FIN DU DEUXIÈME ACTE.

ACTE TROISIÈME.

PREMIER TABLEAU

Chez le président.

—

SCÈNE PREMIÈRE.

LE PRÉSIDENT, WURM.

WURM.

C'est ce que je craignais, Monseigneur, la contrainte
A de pareils esprits n'impose aucune crainte;
Leur exaltation s'en accroît...

LE PRÉSIDENT.

J'avais mis
Dans le malheureux plan que je t'avais soumis
Toute ma confiance... il était impossible.
Je connais Ferdinand, je le sais susceptible,
Surtout pour ce qui touche à son honneur...

WURM.

D'accord.

Cette fille au carcan, son amour était mort;
Il n'eût pu la revoir par respect pour son grade.
L'amour ne reste pas au cœur qui se dégrade
Il l'eût bientôt compris... que fallait-il?

LE PRÉSIDENT, l'interrompant.

Oser!

Ah! je n'aurais pas dû m'en laisser imposer.
Sa menace pouvait n'être pas sérieuse.

WURM.

Ne vous y fiez pas ; dans une âme amoureuse
Germent confusément, l'un sur l'autre entassés,
Des masses de projets plus ou moins insensés.
La passion les pousse, un mot les fait éclore...
Vous allez lui parler d'un crime qu'il ignore;
Vous vous croyez habile et n'êtes qu'imprudent.
On ne prend, Monseigneur, son fils pour confident
Qu'avec l'intention d'en faire son complice,

Et c'était votre but, je le sais, mais le vice
N'est pas héréditaire, il vous l'a bien prouvé.
Tombé, s'il n'eût rien su, votre aveu l'a sauvé :
Son esprit est contraire à notre politique ;
Ce que nous méprisons, il le met en pratique ;
Nous prenons pour grandir des chemins tortueux...
Il grandit grâce à nous, mais reste vertueux.
Tout noble sentiment ou l'excite, ou le touche,
Le beau seul le séduit, et sa vertu farouche
Ne comprend que le bien.

LE PRÉSIDENT.

                  Peste soit des rêveurs !
Est-ce avec des vertus qu'on atteint aux faveurs ?
Voix du cœur, dignité, grandeur d'âme, courage,
Principe, sens moral, un stupide assemblage,
Des mots vides et creux ; de quelle utilité
Peut être tout cela ?...

WURM.

               D'aucune, en vérité !
Dans une cour surtout, où la grande sagesse,
La suprême raison, consiste dans l'adresse ;
Où l'on doit à propos s'écarter du devoir,
Enfin marcher au but sans paraître le voir,
En rampant, s'il le faut ; les moyens que j'indique
Blesseraient le major ; son orgueil est pudique,
Et sa vertu répugne à de pareils moyens.

LE PRÉSIDENT.

Oh ! ce fut une faute immense, j'en conviens,
Que d'aller confier mon crime à ce jeune homme.

WURM.

Et que de l'irriter ; c'est vous livrer, en somme...
Sans ce nom de Walter qui seul l'a retenu,
Sans ses devoirs de fils que fût-il advenu ?
Qu'il vous eût dénoncé...

LE PRÉSIDENT.

          Mon fils ?

WURM.

                  Un fou sublime !
Mais un fou... Qu'on lui donne un motif légitime
De haine, et son amour voulant avoir raison...
Bref, je vois le gibet monter à l'horizon.

LE PRÉSIDENT.

Wurm, vous me conduisez sur les bords d'un abîme.

WURM.

Je veux vous en tirer, Monseigneur, je m'estime
Assez bon conseiller.

LE PRÉSIDENT.

En fait de trahison,
J'en conviens, et pourtant...

WURM.

A-t-on toujours raison ?
Et puis n'avez-vous pas un peu gâté la chose ?...

(Le président fait un signe de mauvaise humeur.

Mais n'y revenons plus... Monseigneur, qui s'oppose
A ce que de nouveau nous tentions le destin ?
Le succès au début est toujours incertain :
Nous avons fait le mal, mais, si l'enfer nous aide,
Le mal doit nous servir à trouver le remède.
Il n'a qu'un seul défaut, son exaltation ;
Le plus petit désir se change en passion
En passant par son cœur ; s'il lui monte à la tête,
Le désir se fait flot, le flot se fait tempête ;
Il est extrême en tout, terrible... voyez-vous ;
Que ferait le major s'il devenait jaloux ?
Un soupçon suffirait pour mettre sa cervelle
En fermentation... Il a foi dans sa belle,
Mais la foi s'enfuirait de ce cœur orageux,
Comme une feuille au vent sous un ciel nuageux.

LE PRÉSIDENT.

Où prendre le levain ?

WURM.

On dicte à la fillette
Un petit billet doux qu'adroitement on jette
Sous les pas du major, qui tombe on ne sait d'où,
Et de haine ou d'amour notre amant devient fou.

LE PRÉSIDENT.

Le billet est signé...

WURM.

Sans doute l'écriture
Suffirait, mais mieux vaut encor la signature.

LE PRÉSIDENT.

Mais on l'adresse à qui ?

WURM.

Bon, au premier venu.

A monsieur tel ou tel... n'importe, un nom connu.

LE PRÉSIDENT.

Vous baissez, mon cher Wurm... Quoi ! cette fille l'aime,

Et vous voulez pourtant qu'elle signe elle-même

Et l'arrêt de sa honte et celui de sa mort?..

C'est un pauvre moyen... Je vous croyais plus fort !

WURM.

Monseigneur, par deux points la fille est vulnérable,

Par la tête et le cœur, et je la crois capable

De tout sacrifier à la froide raison,

S'il fallait arracher son père à la prison ;

Tout, jusqu'à son honneur...

LE PRÉSIDENT.

Bon, je crois vous comprendre.

WURM.

Elle adore son père, et qu'on lui fasse entendre

Qu'elle tient en ses mains, avec sa liberté,

Les jours de ce vieillard...

LE PRÉSIDENT.

C'est très-bien inventé ;

On arrête d'abord ce Miller...

WURM.

On menace

De procès, de cachots, d'échafaud sur la place ;

Enfin tout l'arsenal de mots qui lui font peur !

Sa conscience parle, et mon effroi trompeur

Fait le reste... Je sais comment il faut m'y prendre,

Et d'un pareil sujet tout ce qu'on peut attendre !

(A part.)

Vous m'avez dédaigné... je vous tiens maintenant !

LE PRÉSIDENT.

Mais vous oubliez, Wurm, le major... Ferdinand.

Elle peut l'en instruire...

WURM.

Oh ! ce soin me regarde.

D'avertir votre fils, Louise n'aura garde ;

Une fille pieuse ! Elle aime son amant,

Mais elle craint l'enfer... J'en obtiens un serment

Bien saint, bien solennel, un serment sur la Bible...

Plus d'indiscrétion, plus de retour possible !...
J'ai sondé le terrain : elle confirmera,
Quand elle aura juré, tout ce que l'on voudra !

LE PRÉSIDENT.

« Tu crois à la valeur d'un serment, imbécile !
« On le tient tant qu'on voit qu'il peut vous être utile.
« Un serment ne vaut rien !

WURM.

        « Rien pour vous, Monseigneur,
« Mais y manquer, pour eux, serait un déshonneur !
« Ce sont de pauvres gens...

(Riant.)

           « Ça croit et ça pratique ! »

LE PRÉSIDENT.

Tu m'as vaincu, fripon... la trame est satanique.

WURM.

Ah ! Monseigneur, j'ai mis vos leçons en pratique.

LE PRÉSIDENT.

Il s'agit de savoir quel sera maintenant
L'endosseur du billet...

WURM.

        Quelqu'un dont Ferdinand
Blesse les intérêts s'il épouse Louise ;
Qui verrait à la cour sa place compromise
Si milady partait...

(Se frappant le front.)

        Bon !... le grand maréchal !

LE PRÉSIDENT.

Lui, ce pantin vêtu, monté sur fil d'archal,
Tout couvert d'ambre et d'or...

WURM.

        C'est un être adorable !
On le voit et le sent de loin : c'est admirable !
Les femmes aiment ça; pas un mot de bon sens,
Se croyant toutefois des plus intéressants ;
Parlant à haute voix de son rare mérite,
Et le gousset sonnant... Que l'on aille au plus vite
Chercher le maréchal.

(Il sonne.)

        Au reste le jaloux
N'approfondit jamais... c'est un trésor pour nous !..

Voyez-le, Monseigneur, et pendant sa visite,
Je fais coffrer le père, et force la petite
A signer le billet que je vous ai promis.
Tâchez que le mandat d'arrêt me soit remis
Dès que je l'aurai fait expédier. . J'ai hâte
D'en finir...

LE PRÉSIDENT, involontairement.

Misérable !

WURM.

Ah ! Monseigneur me flatte !

LE PRÉSIDENT, au domestique.

Qu'on aille prévenir monsieur le maréchal
Que je l'attends...

(A Wurm, avec hauteur.)

Allez vous-même au tribunal.
Cette arrestation, monsieur le secrétaire,
Doit se faire sans bruit, dans l'ombre.

WURM, s'inclinant.

Avec mystère !

Vous serez obéi...

LE PRÉSIDENT, au domestique.

Que faites-vous ici ?

LE DOMESTIQUE, indiquant la galerie.

Son Excellence est là... qui vous attend aussi.

LE PRÉSIDENT.

Qu'elle entre !

(Au secrétaire.)

Quant à vous ayez de la prudence.

WURM, sortant.

J'en aurai.

LE PRÉSIDENT.

Maintenant, sois notre providence,
Dieu du mal, protecteur qu'invoquent les damnés !
S'il ne réussit pas, nous sommes condamnés ;
Mais il réussira... Milford doit me remettre
En épousant mon fils, cette maudite lettre
Qui m'annonçait la mort de l'ancien président....
A quoi pensait donc Wurm, lui toujours si prudent,
En signant notre crime ?.. Oh! quand on est en face
D'un mort, on peut avoir de ces oublis... Sa place...

Je l'occupe, et c'est moi...

(Il tombe dans une profonde rêverie. — Le maréchal entre.)

SCÈNE II.

LE PRÉSIDENT, LE MARÉCHAL.

LE MARÉCHAL.
Je ne viens qu'en passant.
Que savez-vous de beau, de neuf, d'intéressant?
Rien... vous ne savez rien?.. ce Walter est unique !
Didon passe ce soir, ce sera magnifique...
J'irai pour le bûcher... toute une ville en feu!..
C'est beau... mais vous viendrez la voir brûler un peu?
Un opéra me plaît plus qu'une tragédie...
Nous nous y trouverons...

LE PRÉSIDENT.
Pour voir un incendie,
Je n'irai pas si loin... il est dans ma maison!

LE MARÉCHAL.
Hein!.. que dites-vous là?

LE PRÉSIDENT.
Je dis que l'horizon
S'obscurcit pour nous deux, que mon crédit menace,
Et que si je descends vous perdez votre place.

LE MARÉCHAL.
Vous me faites trembler!

LE PRÉSIDENT.
Je ne plaisante pas!..
Ou monter au plus haut, ou descendre au plus bas!..

LE MARÉCHAL.
Montons, mon cher, montons; je ne veux pas descendre !
Mais enfin, dites-moi...

LE PRÉSIDENT.
Si vous vouliez m'entendre,
Vous le sauriez, cher Kalb ; je vous ai déjà dit
Le projet que j'avais...

LE MARÉCHAL.
De donner milady
Pour femme à votre fils... un projet admirable...
Qui fait notre fortune...

LE PRÉSIDENT.
Il est indispensable

A notre avancement!

LE MARÉCHAL.
Hé bien?

LE PRÉSIDENT.
Ce grand projet...

LE MARÉCHAL.

Ce projet fabuleux?

LE PRÉSIDENT.
Ne fait plus le sujet

Que de notre entretien.

LE MARÉCHAL.
Ce projet?

LE PRÉSIDENT.
Il s'écroule!

Et nous tombons, cher Kalb, de la cour dans la foule.
Ferdinand ne veut pas...

LE MARÉCHAL.
Ferdinand ne veut pas!..

Une belle raison! je ne fais pas un pas,
Depuis bientôt trois jours, sans dire à tout le monde :
Savez-vous la nouvelle? On l'approuve ou la fronde ;
Mais on se la redit... C'est mal, en vérité ;
Il est dur de descendre alors qu'on est monté...

LE PRÉSIDENT.
Surtout lorsque l'on touche au sommet de l'échelle,
Et que la place est bonne!

LE MARÉCHAL.
Et lady, qu'en dit-elle?

LE PRÉSIDENT.
Rien encore, elle croit pouvoir le ramener..

LE MARÉCHAL.
Pourquoi refuse-t-il?...

LE PRÉSIDENT.
Je vais vous étonner...

Mon fils est amoureux...

LE MARÉCHAL.
C'est une raillerie.

Qu'il garde son amour, bien ! mais qu'il se marie.
Ne le voyons-nous pas chaque jour faire ainsi?

L'hymen ne prétend pas à l'amour, Dieu merci !
Et l'unique raison qui pousse au mariage,
C'est que l'on peut aimer ailleurs qu'en son ménage.
Croyez-m'en, le mari ne gêne en rien l'amant.

LE PRÉSIDENT.

C'est pourtant, maréchal, le seul empêchement ;
S'il pensait comme vous, la chose serait faite.
C'est un excellent cœur, mais une folle tête.

LE MARÉCHAL.

C'est un fou... refuser notre fortune !... non...
La sienne !... on l'y contraint !... Si j'avais votre nom,
Votre pouvoir, enfin, que je fusse son père...

LE PRÉSIDENT.

Qu'eussiez-vous fait ? voyons !

LE MARÉCHAL.

Ce qu'il eût fallu faire ;
Imposer la duchesse.

LE PRÉSIDENT.

Et s'il eût répondu
Que jusques à présent il avait attendu
Pour nous perdre tous deux qu'on l'y poussât... De grâce,
Qu'eussiez-vous fait, cher Kalb ? je vous mets à ma place.
Il sait ce que je suis et ce que vous étiez
Avant d'entrer ici, le nom que vous portiez ;
Il a la preuve en main de tout ce que nous fîmes ;
Bref, il m'a menacé de dénoncer nos crimes...
Vous voyez qu'en laissant le champ libre à l'amant,
J'ai, mon cher maréchal, agi fort prudemment.

LE MARÉCHAL.

J'en reste anéanti.

LE PRÉSIDENT.

La fortune jalouse
Nous frappe doublement, et c'est Bock qui l'épouse.

LE MARÉCHAL.

Bock !..

LE PRÉSIDENT.

Le prince le veut.

LE MARÉCHAL.

De Bock ! mais milady ?

LE PRÉSIDENT.

Elle préférerait mon fils...

LE MARÉCHAL.

Sans contredit.

De Bock, mon ennemi !

LE PRÉSIDENT.

Votre ennemi ?

LE MARÉCHAL.

Sans doute.

J'ai toujours rencontré cet homme sur ma route.
Mon ennemi mortel ; et savez-vous pourquoi ?
Non ? Je vais vous le dire ; et frémissez d'effroi !..
Il doit vous souvenir du bal que la princesse
Donna, voilà vingt ans, à la grande-duchesse
De Hampstadte-Cobourg ou de Cobourg-Gotha.
Le vieux duc voulut voir la danse, on l'y porta ;
Vous vous le rappelez ?

(Le président lui fait signe que oui.)

Dans l'ardeur de la danse,
La princesse Amélie avait... mais quand j'y pense,
Quand je pense à ce Bock, un drôle, un intrigant
Que je souffletterai quelque jour de mon gant,
Je sens courir en moi des frissons de colère...
La princesse avait donc perdu sa jarretière ;
Tout le monde, mon cher, était en mouvement.
Et cela se conçoit... Pour un événement
Semblable, ici surtout... Nous étions dans la salle,
De Bock et moi, traînant nos genoux sur la dalle.
Je vois la jarretière... Oh ! bonheur, et je vais
M'élancer, quand de Bock... Ah ! si je le trouvais
Dans un endroit désert, seul, et qu'il fût sans armes !...
Quand de Bock me la prend... J'en verse encor des larmes...
Et que je fusse armé !.. Je la laisse saisir.
Il l'apporte et me souffle ainsi tout le plaisir,
Avec le compliment que j'avais fait d'avance !..
Flatteur !... Qu'en pensez-vous ? est-ce assez d'insolence !

LE PRÉSIDENT.

C'est un impertinent que je déteste fort !
Et nous le laisserions épouser la Milford !
Devenir le premier à la cour où nous sommes !..

LE MARÉCHAL.

Vous me fendez le cœur !

LE PRÉSIDENT.

                    Si nous étions des hommes.
Nous l'en empêcherions.

LE MARÉCHAL.

Comment?

LE PRÉSIDENT.

                    En ramenant
Aux pieds de milady ce fou de Ferdinand.
Mais il faut un moyen, dût-il être coupable!

LE MARÉCHAL.

Coupable!.. il n'en est pas pour perdre un misérable
Comme cet affreux Bock, flatteur vil et rampant, ·
Courtisan éhonté, moins homme que serpent!

LE PRÉSIDENT.

Comment le renverser? la chose est difficile...

LE MARÉCHAL.

Cherchons... Je voudrais bien pouvoir vous être utile.

LE PRÉSIDENT, poussant une exclamation.

Ah! il faudrait...

LE MARÉCHAL.

Quoi?

LE PRÉSIDENT.

                    Rien, maréchal, et pourtant,
Le brouiller avec elle est un point important.
C'est tout... Certainement sur un soupçon frivole,
Il la quitte et revient...

LE MARÉCHAL.

Soupçon qu'elle le vole?

LE PRÉSIDENT.

Vous êtes fou...

LE MARÉCHAL.

Je suis?..

LE PRÉSIDENT.

                    Soupçon qu'il est dupé!

LE MARÉCHAL.

Superbe... c'est plus fort... Quand je me suis trompé,
J'aime à le reconnaître.

LE PRÉSIDENT.

                    Oui, mais la grande affaire
C'est d'entrer en balance avec lui... Bast! Qu'y faire?

Personne n'oserait!..

LE MARÉCHAL.

Pourquoi pas ?

LE PRÉSIDENT.

Sa beauté...

LE MARÉCHAL.

Il me semble pourtant...

LE PRÉSIDENT.

Un nom si bien porté,
Son grade, sa jeunesse, et ses yeux et sa taille...
Non, il n'est à la cour, personne qui le vaille!

LE MARÉCHAL.

Et moi donc! moi, moi, moi, n'ai-je pas tout cela ?
Le grade, la jeunesse et les yeux que voilà?
Que diable, mon très-cher, le major est aimable,
Mais je sais plus d'un cœur qui me trouve adorable!
Qui pâtit en secret de mes refus...

LE PRÉSIDENT.

Au fait !
Vous seul pouvez lutter .. Vous êtes beau, bien fait...

(Le maréchal marche et s'admire.)

Une voix caressante, un regard magnétique;
Enfin, tout pour séduire un cœur!

LE MARÉCHAL.

Mais... je m'en pique !

LE PRÉSIDENT.

Alors, c'est entendu...

LE MARÉCHAL.

Quelle est sa qualité?

Elle est noble ?

LE PRÉSIDENT.

Pourquoi?.. c'est une nouveauté
Que d'aller rechercher la généalogie
D'un visage charmant! Où donc se réfugie
Votre esprit, maréchal, qu'êtes-vous devenu?
Étiez-vous noble, vous, quand vous êtes venu
A la cour du grand-duc?

LE MARÉCHAL, embarrassé.

Moi ?.. président... sans doute,

(Riant.)

Puisque j'avais trouvé mes titres sur la route!

LE PRÉSIDENT.

Bien, c'est d'un mauvais pas sortir avec bonheur!

LE MARÉCHAL.

La fille?..

LE PRÉSIDENT.

Une bourgeoise.

LE MARÉCHAL.

Ah! très-cher, mon honneur...

LE PRÉSIDENT.

N'est-ce pas un honneur que celui de paraître
L'emporter sur mon fils?

LE MARÉCHAL.

Si je voulais commettre

Ma réputation...

LE PRÉSIDENT.

N'en parlons plus... brisons!

LE MARÉCHAL.

Mais...

LE PRÉSIDENT.

Vous m'avez donné de trop bonnes raisons.
Je m'y rends... votre honneur! motif fort respectable.
Qu'on perde son crédit en restant honorable,
Qu'importe, n'est-ce pas?

LE MARÉCHAL.

Mais, cher, je n'ai pas dit...

LE PRÉSIDENT.

Non, non! gardez l'honneur et perdez le crédit,
C'est de la grandeur d'âme... Au reste, je me lasse
Et je veux en finir! Que Bock prenne ma place...

LE MARÉCHAL.

Bock... vous n'y pensez pas... Bock... soyez généreux,
Restez!

LE PRÉSIDENT.

Je me retire et que Bock soit heureux!

LE MARÉCHAL.

De Bock premier ministre! Oh! non; dans cette affaire,
A quoi puis-je être utile, et que faudra-t-il faire?

LE PRÉSIDENT.

Nous prêter votre nom pour certain rendez-vous
Que l'on doit vous donner.

LE MARÉCHAL.
A moi! qui donc?
LE PRÉSIDENT.
A vous!
Cette Miller.
LE MARÉCHAL.
Ah! bien!.. j'étais à la princesse!..
Lorsque Bock lui remit... Parfait, qu'on me l'adresse :
Je vous prête mon nom et ma personne aussi.
Vous savez que je suis toujours à vous...
LE PRÉSIDENT.
Merci!
Le billet qu'elle écrit, vous le perdez, de sorte
Qu'il parvienne au major.
LE MARÉCHAL.
Par exemple, à sa porte.
Il peut ne pas sortir... Non, je le laisse choir
En passant devant lui; je tire mon mouchoir,
Sans avoir l'air de rien, le billet doux en tombe,
Le vautour s'en saisit et gare à la colombe!
LE PRÉSIDENT.
Mais ce rôle d'amant, sachez le soutenir
Vis-à-vis du major.
LE MARÉCHAL.
Oh! qu'il ose venir.
Mort de mes jours!.. sambleu!.. si ma bile s'échauffe!
Il verra, ce monsieur, de quel bois je me chauffe!
(Il marche fièrement.)
Cette fille est à moi!.. place au nouvel amant!
LE PRÉSIDENT.
Voilà, grand maréchal, qui va parfaitement.
A ce soir le billet, commencez votre rôle.
LE MARÉCHAL.
A ce soir, président... je tiendrai ma parole...
Vingt visites à faire et je vous appartiens.
LE PRÉSIDENT.
J'y compte!
LE MARÉCHAL.
Comptez-y.
(Il salue et sort.)

LE PRÉSIDENT, le regardant sortir.
Cette fois je le tiens !
(Entre Wurm.)

SCÈNE III.

LE PRÉSIDENT, WURM.

WURM.
Le Miller et sa femme ont été mis à l'ombre.
Elle était un peu triste et Miller un peu sombre,
Mais ils n'ont trop rien dit.
LE PRÉSIDENT.
Amoureux complaisant,
Le maréchal nous sert.

WURM.
A la fille à présent.

FIN DU PREMIER TABLEAU.

DEUXIÈME TABLEAU

La chambre de Miller.
—

SCÈNE PREMIÈRE.

LOUISE, FERDINAND.

LOUISE.
Ferdinand, laisse-moi, laisse-moi, je t'en prie!
Dans mon cœur désolé, l'espérance flétrie
Veut en vain se suspendre à quelques rámeaux verts..
Sur ces espoirs menteurs, mes yeux se sont ouverts.
FERDINAND.
Les miens se sont fermés : sous la voûte céleste,
Louise et Ferdinand, tout est là!.. Quant au reste,
Je n'y regarde pas, et je vis en rêvant
A Louise, à l'amour, à moi-même souvent;
Hormis cela, dis-moi, sais-tu quelqu'autre chose ?..
Endors tes noirs soucis dans mon ivresse rose,
Je suis heureux enfin...

LOUISE.
> Ne me dis pas pourquoi;
Car j'ai cru l'entrevoir!

FERDINAND.
> Le bonheur tient à quoi?
A savoir le chercher... Que t'importe le monde?
Pourquoi rester, enfant, où la tristesse abonde,
Où nous souffrons toujours?.. Sur l'Elbe au bord fleuri,
Sur le Rhin ou l'Oder, ces grands yeux de houri
Seront-ils moins brillants? à Venise, à Florence...
Ma patrie est aux lieux qu'embellit ta présence!..
Dans le désert brûlant la trace de tes pas
Me dira le chemin où le malheur n'est pas.
Car, quel que soit l'endroit où marche ma Louise,
Sol glacé, sable en feu!.. c'est la terre promise!
N'importe où nous irons, le soleil nous suivra...
Éclairant notre amour, dès qu'il se lèvera;
Et, quand viendra la nuit, nous nous verrons encore;
Car il est dans nos cœurs, une éternelle aurore :
L'amour! toujours l'amour!

LOUISE.
> Et tu ne veux pas voir
En dehors de ton cœur s'il est d'autre devoir?

FERDINAND.
Le plus sacré pour moi, c'est ton repos... je t'aime!

LOUISE, sérieuse.
Alors, va! laisse-moi! par respect pour moi-même,
Je ne puis lâchement, quand il n'aime que moi,
Abandonner mon père, un vieillard!... Oh! tais-toi!
Et quand le président l'a menacé!...

FERDINAND.
> Ton père
Nous accompagnera... tu ne vas pas, j'espère,
Vouloir combattre encor ma résolution!
Cette nuit... chère amour...

LOUISE.
> La malédiction
De ton père, oh! crois-moi, dans la nuit la plus sombre
Saura nous retrouver... la haine y voit dans l'ombre...
La malédiction, quelqu'indigne que soit
Celui qui la profère, au ciel, Dieu la reçoit

Et l'exauce toujours... En vain on prend la fuite...
La malédiction est sans cesse à la suite
De ceux qu'elle a frappés; comme un spectre hideux,
Quand ils se croient sauvés, elle se dresse entre eux!
S'il faut à ton amour un tel crime pour gage,
J'aurai de te quitter... le terrible courage...
(A part.)
Ah! mieux vaudrait cent fois la mort!

FERDINAND, sombre.

> Réellement?

LOUISE.

Te perdre!.. oh! ce mot seul est un affreux tourment!..
Te perdre, bien-aimé; non, ce n'est pas possible,
Non, je ne l'ai pas dit... ce serait trop horrible!..
Je ne veux pas te perdre...

(Très-triste.)

> Il le faut cependant...

Ton cœur n'est plus le mien... il est au président,
A ton rang dans le monde!.. Ah! que Dieu me protège!
Je le comprends trop tard, c'était un sacrilége
Que cet amour fatal; le ciel veut m'en punir
Et me ferme ton cœur en t'ouvrant l'avenir.

FERDINAND, plus sombre.

Il te ferme mon cœur?..

LOUISE.

> Non. Je te sais capable

De lutter jusqu'au bout... Mais je serais coupable
D'accepter un amour que le monde maudit!..
Cet amour! mon bonheur!... le monde l'interdit;
Ah! le monde a des lois cruelles, je l'avoue;
Mais malheur à celui qui le blesse!... il se voue
A la haine, au mépris... et te voir méprisé
Par moi! pour moi, jamais!.. oh! mon cœur est brisé!
Laisse-moi ranimer le tien par mon exemple.
(A part.)
J'avais pour son amour fait de mon cœur un temple;
Le monde ne veut pas que je l'aime!.. va... prends
Tes serments, mon honneur, mon âme...

FERDINAND, plus sombre et presque bas.

> Je comprends.

LOUISE, étouffant ses larmes.

Donne ton noble cœur à quelque noble femme,...
Ah! si le mien pouvait éclater sous sa flamme!
C'est un dur sacrifice...

FERDINAND, avec un éclat de rire plein de doute et d'amertume.

Et noble en vérité!

LOUISE.

Pourquoi cette voix sombre et cet œil irrité?..
Ne quitte pas ainsi la pauvre fille...

FERDINAND, à part.

Infâme!

LOUISE.

Qui vivra maintenant des parfums qu'en son âme
Laissera ton amour! tendres fleurs du passé,
Ne vous flétrissez pas dans ce cœur délaissé.

(Tendant la main à Ferdinand et tremblante.)

Adieu, monsieur Walter.

FERDINAND, pâle de jalousie.

Tu ne veux pas me suivre?..

LOUISE, qui s'est retirée au fond de la chambre se couvre le visage de
ses mains.

C'est ici qu'est mon père! ici que je dois vivre,
Et que je dois souffrir! mon père y souffre aussi...

FERDINAND, la retournant brusquement vers lui.

Tu me trompes, serpent! quelqu'un t'enchaîne ici!

LOUISE, stupéfiée.

Dieu du ciel!

FERDINAND.

Réponds donc!

LOUISE, à part.

Oh! j'aurais dû le craindre...

(Avec le ton de la plus profonde douleur.)

Je bénis ce soupçon s'il vous rend moins à plaindre.

FERDINAND.

Non! oh! non! ce serait trop horrible... elle ment!
Ce n'est pas de l'oubli, non! c'est du dévouement...
Je comprends à présent ce qu'il me reste à faire..,
Louise... à cette nuit!..

(Il sort précipitamment.)

SCÈNE II.

LOUISE, seule, fondant en larmes.

Oh! mon père! mon père!
Mais il n'est pas rentré...

(Elle regarde partout, appelant dans la chambre à côté.)

Mon père!.. et cependant
Il est tard, que fait-il? . Ah!.. si le président...
Mon Dieu qu'ai-je senti?...

(Elle porte la main à son cœur.)

SCÈNE III.

LOUISE, WURM.

(Wurm entre et s'arrête dans le fond.)

LOUISE.

Ce n'est rien! je suis folle!
Quand on souffre... on a peur de tout; une parole
Vous cause des effrois à vous faire mourir...

(Plus calme et assise.)

Il faut bien à présent que je sache souffrir!
Je ne le verrai plus...

WURM, s'approchant.

Bonjour, Mademoiselle.

LOUISE, à elle-même.

Grands dieux! qui m'a parlé?.. Cette voix...

(Se retournant.)

Ah! c'est elle
Qu'en mes pressentiments j'entendis menacer.
Terreur! cet homme ici! que va-t-il se passer?

(Haut.)

Que voulez-vous, Monsieur?

WURM.

Rien pour moi; votre père
M'envoyait...

LOUISE.

Vous? vous?..

WURM.

Moi. Vous en doutez?..

LOUISE.

J'espère

Que vous mentez, Monsieur... il faudrait pour cela
Un trop grave motif...

(Y pensant.)

Il devrait être là !..
Mais où l'avez-vous vu... qu'en a-t-on fait ?.. mon père !

WURM, à part.

Je ne pouvais choisir un moment plus prospère :
Elle vient de pleurer...

LOUISE.

Au nom du ciel, parlez !
Où l'avez-vous laissé ?..

WURM.

Puisque vous le voulez,
Je viens de le quitter à la Force.

LOUISE.

A la Force !
Mon père ! Ferdinand ! c'est un double divorce !
Déchirement cruel ! Les deux cœurs qu'il aimait,
Mon cœur les perd tous deux ! Alors qu'on l'enfermait
Vous étiez là, peut-être !.. et vous savez sans doute
Le motif qui l'a fait emprisonner... J'écoute...
De grâce répondez ?..

WURM.

Miller est arrêté
Pour le crime effrayant de lèse-majesté.

LOUISE.

A-t-il blessé le duc ?..

WURM.

Blessé dans la personne
De notre président.

LOUISE.

Le ciel nous abandonne !
Tout nous frappe à la fois ; encore, encor cela ;
Mon père me restait... on me le prend... voilà
Qu'il te faudra pleurer, pauvre âme délaissée,
Sous le poids douloureux de ta double pensée...
Le major qui te quitte et ton père en prison !
Si je pouvais, Seigneur, en perdre la raison !
« Les fous ne pensent pas !.. Céleste Providence,

« Affermissez ma foi !.. ma douleur est immense !
« Et j'ai peur...

        (Haut.)

          « Ferdinand ?

               WURM.

               « Pour lui s'il ne veut pas
« Attacher un mépris à chacun de ses pas,
« Se voir déshérité, maudit...

            LOUISE.

              « Que doit-il faire ?

               WURM.

« Épouser milady.

            LOUISE.

         « Quelle admirable affaire !
« Mon père est accusé de lèse-majesté,
« Et Ferdinand sera maudit, déshérité,
« S'il prise son honneur plus que son héritage.
« C'est fini... je n'ai plus à craindre davantage !
« Je puis braver le sort... il ne peut me frapper !

      (Wurm sourit.)

« Tu souris ! qu'est-ce encore ? Ah ! j'ai dû me tromper !
« Et tu vas de mon cœur élargir la blessure...

               WURM.

« Ne manque-t-il personne ici ?

            LOUISE

             « J'en étais sûre
« Oh ! ma mère !... elle aussi ! ma mère est en prison ?

      (Riant, Wurm fait signe que oui.)

« Allons ! me voilà seule et libre en la maison !
« Je n'ai plus de devoirs à remplir, plus de chaîne !..
« Je n'ai plus de besoins, plus d'amour, plus de haine !
« Plus rien, l'on a tout pris... mon cœur, on l'a volé,
« Hier il était si plein... et tout s'est envolé ! »

      (Après un silence terrible.)

N'avez-vous rien encor de lugubre à m'apprendre ?..
Quelque horrible malheur... parlez ! je puis entendre !

               WURM.

Non !

          LOUISE, brusquement.

    Que réserve-t-on à mon père ? tu sais
Ce qui l'attend ?..

WURM.

Il est sous le coup d'un procès
De la suite duquel dépend son existence,
Un procès criminel...

LOUISE.

C'est pour moi... mais j'y pense...
Je vais...

(Elle se sauve dans la chambre voisine.)

WURM.

Où courez-vous?.. Elle ne revient pas !
Diable! je répondrai d'elle... suivons ses pas...
Elle peut...

LOUISE, ouvrant la porte et se tenant sur le seuil.

Permettez que je ferme ma porte,
Pardonnez-moi, Monsieur, mais il faut que je sorte.

WURM.

Où courez-vous ainsi?..

LOUISE.

Chez le prince...

WURM, la retenant, effrayé.

Où?.. comment?..

LOUISE.

Chez le prince, Monsieur, le prince à qui l'on ment,
A qui l'on dit : cet homme est coupable, et qui pense
Pouvoir, sur ces rapports, signer une sentence ;
Chez le prince, qui prend mon père et le tuera,
Sans le savoir, pour plaire à quelque scélérat !

(Elle veut sortir.)

WURM.

Je ne vous retiens plus ! d'abord, je vous crus folle !..
Mais non, allez, je puis vous donner ma parole
Que le prince est charmant, et qu'il vous recevra
Parfaitement... Allez! il vous écoutera!..
Essuyez-vous les yeux, prenez votre voix douce,
Celle dont vous parlez au major !..

LOUISE s'arrête tout à coup.

Il m'y pousse !
Ah! qu'est-ce donc encor! quelque malheur est là !

(A Wurm.)

Le duc m'écoutera... d'où savez-vous cela?..

(A part.)

Ce conseil doit cacher quelque trame funeste.

WURM.

Il vous écoutera... mais j'ignore le reste...

LOUISE.

Le reste, quoi... parlez?..

WURM.

Ce qu'il exigera

Pour vous entendre !

LOUISE.

Ah! bien !...

WURM.

A quel prix il mettra

La tête de Miller...

LOUISE.

Quelle est cette folie?.

WURM.

Quand celle qui l'implore est, comme vous, jolie,
Et qu'elle a, comme vous, seize ans et de beaux yeux,
Le marché se conclut rapidement.

LOUISE.

Grands dieux !

WURM.

Le duc est connaisseur et vert-galant... j'espère
Que vous ne trouvez pas que pour sauver un père
Ce soit trop exiger...

LOUISE.

Que le Dieu tout-puissant
Te secoure, mon père ! On peut donner son sang,
Mais on ne peut donner son âme !

WURM.

Le pauvre homme
— Louise m'a perdu, *disait-il*, mais, en somme,
Elle peut me sauver, elle me sauvera,
J'en suis sûr... je connais son cœur... quand il saura
Ce que je souffre ici... Va, Wurm, qu'elle prononce
S'il faut vivre ou mourir ! —

(Feignant de partir.)

Mais, j'ai votre réponse

Et cours la lui porter.

LOUISE court après lui et le retient.

Demeurez ! demeurez !

Patience !.. un moment !...

WURM.

Non ! lorsque vous pleurez

Je me sens tout ému !

LOUISE, résolûment.

Parlez, que faut-il faire ?

Dites, Monsieur, j'attends !... pour sauver mon vieux père,
Rien ne m'arrêtera... que la honte pourtant.

WURM.

Oh ! non, le président n'exige pas autant.

LOUISE.

Qu'exige-t-il enfin ?... parlez, je vous en prie...

WURM.

Vous le savez, il veut que son fils se marie...

LOUISE.

Je viens de l'y pousser.

WURM.

Il faut que votre amant
Vous quitte de lui-même et volontairement.

LOUISE.

Il ne le fera pas... il m'aime !

WURM.

C'est possible !

Nous savons cependant un moyen infaillible ;

(Il va chercher des plumes, de l'encre, et les met sur la table.)

Écrivez !

LOUISE, se levant.

Que j'écrive ! A qui ?..

WURM, la ramenant à la table.

Vous le savez,

Au bourreau de Miller...

LOUISE.

Pour mon père ?

WURM.

Écrivez !

LOUISE.

Ah! que tu t'entends bien à torturer une âme !

(Elle prend la plume.)

WURM.

Le temps passe, et Miller m'attend. .

LOUISE.

Mais c'est infâme !
Ayez pitié de moi; j'ai peur de succomber...
Mon Dieu ! fermez l'abîme, où je vais y tomber !...

WURM.

Écrivez...

(Dictant.)

Monseigneur...

LOUISE, l'interrompant et posant la plume.

Mais à qui cette lettre ?...

WURM.

Au bourreau de Miller.

LOUISE.

Ne puis-je le connaître ?..

WURM.

Écrivez !

LOUISE.

Juste ciel !..

WURM, dictant.

Demain je vous attends.
Je vous aime... venez...

LOUISE se lève.

Ah ! mon Dieu, tu l'entends !
Je vous aime ! ! venez ! — Non ! c'est une infamie !
Ou plutôt c'est un rêve... oui... je suis endormie !

WURM.

Écrivez...

LOUISE.

Non... jamais !

WURM.

À votre volonté !
Je pars... et si Miller doit être exécuté,
Qu'il le soit !.. j'aurai fait ce que j'avais à faire.
Après tout, que m'importe... il n'était pas mon père !

LOUISE, l'arrêtant.

Reste, reste, bourreau !

WURM.

Non.

LOUISE.

Reste, cœur de fer;
Suspends un malheureux au-dessus de l'enfer,

Et quand tu le tiendras palpitant sur l'abime.
Dis-lui, pour le sauver, qu'il faut commettre un crime :
Qu'il est libre et qu'il peut faire à sa volonté.
Démon ! un choix semblable est une atrocité.
Ah ! tu le sais trop bien, ce choix est impossible,
Quand on entend du cœur la voix irrésistible...
On ne peut qu'obéir... ah ! tu le sais trop bien !
Au reste, ordonne, va !.. tout est bon... tout est bien !
Tout m'est indifférent... Dieu de moi se retire...
L'enfer est le plus fort !.. il m'appelle ! il m'attire ;
J'y tombe ! m'y voici, dicte.

(Froidement.)

Tu peux dicter.

WURM.

Cela vaut cent fois mieux que de vous emporter.

(Dictant.)

— J'attendrai donc demain votre chère visite
A l'endroit convenu. —

LOUISE.

Plus vite ! va plus vite !

WURM, répétant.

A l'endroit convenu... parfait ! vous avez mis ?

LOUISE.

Oui !

WURM, dictant.

— Je compte sur vous ; car vous l'avez promis,
Rien ne nous troublera, le major est de garde... —
Signez... là. Maintenant le reste me regarde,
Ah ! pardon, et l'adresse...

LOUISE, se rasseyant, avec accablement.

Encor !

WURM, riant.

Certainement.

Il faut que vous sachiez le nom de votre amant :
— A monseigneur de Kalb. —

LOUISE.

Divine Providence !

(Elle se lève, fixe longtemps ses yeux sur la table et la lettre ; enfin elle la remet au secrétaire, et reprend.)

Prenez ! et me voici toute en votre puissance.
Vous tenez mon bonheur, ma réputation.

Le cœur de Ferdinand, ma condamnation,
Tout, vous avez tout pris... s'il vous faut autre chose,
(Pleurant.)
Je n'ai plus rien, Monsieur.

(Se remettant.)
Au reste, je suppose
Qu'entre nous tout est dit... Ferdinand! Ferdinand!
(Se tournant vers Wurm.)
Vous êtes encor là?..

WURM.
Permettez, maintenant...
Vous allez me jurer d'avoir écrit la lettre
Librement, de plein gré... s'il faut le reconnaître,
Vous le reconnaîtrez!..

LOUISE.
Oh! mon Dieu! c'est ton nom
Qui sert à compléter l'ouvrage du démon!

WURM.
Un serment solennel!

LOUISE, à part.
Sa haine est inflexible!

(Haut.)
Je le jure.

WURM.
Sur quoi?
LOUISE va au prie-Dieu, sort sa bible et dit.
Sur cette sainte bible!
(Elle tombe anéantie. Wurm sort à reculons en la regardant.)

FIN DU TROISIÈME ACTE.

ACTE QUATRIÈME

Une fête chez milady. — Le boudoir, les salons sont brillamment éclairés. On
entend de loin en loin la musique de l'orchestre.

SCÈNE PREMIÈRE.

FERDINAND, un domestique.

FERDINAND.

Monsieur le maréchal, où peut-on le trouver?..

LE DOMESTIQUE.

Monsieur le président?

FERDINAND, impatienté.

Non !

LE DOMESTIQUE.

Il vient d'arriver.

FERDINAND.

Le maréchal, maraud, tu ne veux pas m'entendre?

LE DOMESTIQUE.

Il est au pharaon...

FERDINAND.

Va! dis-lui de descendre,
Que je veux lui parler.

(Le domestique sort.)

SCÈNE II.

FERDINAND, seul.

(Il parcourt la lettre, tantôt immobile d'étonnement, tantôt se promenant avec
fureur.)

Non ! non ! mille fois non !
Elle ne peut cacher une âme de démon
Sous cette forme d'ange... oh! non, dans la nature,
Dieu ne souffrirait pas une telle imposture;
Non! non! c'est impossible... impossible, et pourtant
La signature est là... cynisme révoltant!
« Trahison inouïe et monstrueuse audace!
« Cette femme est coupable, et son crime surpasse
« Tous les crimes connus... rien d'aussi vicieux !

« L'enfer est dans son cœur et le ciel dans ses yeux.
« Les anges descendraient ici pour la défendre
« Que je n'y croirais pas... Je commence à comprendre
« Ses refus obstinés quand je voulais partir...
« Oh ! je m'éveille enfin, tout devait m'avertir.
« J'y vois, mon Dieu! j'y vois! maintenant tout s'explique.
« Oh! le cœur infernal ! oh ! la femme impudique !
« Cachant ses trahisons sous un masque imposteur,
« Faisant de l'héroïsme aux dépens de mon cœur!
« Vraiment ! c'est trop horrible, et le ciel le tolère...
« Comme elle repoussait dignement, sans colère,
« Les accusations de mon père, et pourtant
« Son crime eût dû brûler son cœur impénitent!
« Il eût dû retenir le mensonge à sa lèvre!..
« Et quand je lui parlais, dans l'ardeur de ma fièvre,
« De la nécessité de fuir... je la voyais
« Se troubler et pâlir... hélas ! et j'y croyais... »
Fuis de ce monde! fuis! ô sublime innocence !
Le vice a pris ta robe, et c'est lui qu'on encense !
C'est toi qu'on méconnaît... remonte vers les cieux ;
Cette terre appartient aux plus audacieux !
« Oh! malédiction ! dire que cette femme
« Disposait de mon cœur, disposait de mon âme;
« D'un manteau de vertus que ce monstre couvert
« Pouvait lire en mes yeux, comme en un livre ouvert !
« Et me tromper ainsi, moi qui, dans mon délire,
« Ailleurs que dans ses yeux n'aurais pas voulu lire ;
« Qu'ils soient maudits ces yeux où mon cœur est resté !
« Moi qui ne voyais qu'elle, elle et l'éternité !
« Qui croyais posséder le ciel en sa personne...
« L'heure de la vengeance ! elle approche ! elle sonne !
« J'oubliais Dieu pour elle, et Dieu m'en a puni.
« Elle ne m'aimait pas !.. Allons, tout est fini ! »
Mais qu'espérait enfin sa lâche politique?
Je ne le comprends pas...

SCÈNE III.

FERDINAND, LE MARÉCHAL.

LE MARÉCHAL, qui est entré sur les derniers mots.
Voici l'instant critique !..

(Haut.)
Cher major!

FERDINAND, à part.

Oh! mon Dieu!

LE MARÉCHAL.

Vous daignez m'excuser?

FERDINAND, à part.

Qu'il faut me contenir pour ne pas l'écraser!

LE MARÉCHAL, à part.

Son silence me glace!...

FERDINAND, marchant sur lui, à part.

Oh! non, c'est impossible!

(Haut.)
Que voulez-vous encor?

LE MARÉCHAL, à part.

Caractère irascible!

Ne l'excitons pas trop!

(Haut et troublé.)
Vous avez exprimé
Le désir de me voir... je viens...

FERDINAND, l'interrompant.

J'en suis charmé...

Approchez, maréchal!

LE MARÉCHAL, à part.

Il veut que je m'approche!

FERDINAND.

Hier, vous avez laissé tomber de votre poche
Cette lettre... et c'est moi qui, fort heureusement,
L'ai ramassée ..

LE MARÉCHAL, troublé.

Ah! oui, c'est fort heureux, vraiment...

FERDINAND, avec un sourire amer.

Vous trouvez, n'est-ce pas?... l'histoire est amusante?
Le hasard est heureux et vaut qu'on en plaisante!

LE MARÉCHAL.

Je suis loin, cher baron, d'en vouloir plaisanter.

FERDINAND.

Lisez... allons, lisez...

(Il s'éloigne et tire son épée; le maréchal, qui ne le quitte pas de l'œil, jette
la lettre sur la table et veut s'en aller.)

LE MARÉCHAL, tremblant et gagnant la porte, arrêté par Ferdinand.

Il faut...

FERDINAND.

Il faut rester!

(Il le prend par le bras et le ramène.)

Permettez, maréchal, je veux, quoi qu'elle vaille,
Avoir ma récompense, au moins, pour ma trouvaille.
Vous comprenez laquelle ? et pour être plus clair...

(Il lui montre son épée.)

LE MARÉCHAL, reculant, effrayé.

Ah! baron, soyez donc raisonnable, mon cher!

FERDINAND.

Finissons-en, Monsieur; en garde !.. allons... en garde !

LE MARÉCHAL.

Dans ce salon, major !.. chez le duc !.. prenez garde !

FERDINAND.

Eh ! je n'ai pas le temps d'aller me promener
Sur le rempart... D'ailleurs tout doit se terminer
A l'instant même... ici...

LE MARÉCHAL.

Mais le bruit que va faire...

FERDINAND.

On parlera de toi, tant mieux ! c'est ton affaire.
Mais dépêchons, morbleu ! j'ai hâte d'en finir !
En garde!

LE MARÉCHAL.

O ciel! non, grâce!.. un si bel avenir!

FERDINAND, à part.

Et c'est à ce valet qu'elle a donné son âme ;
On en rirait pourtant, si c'était moins infâme !
T'aimait-elle?.. Réponds ..

LE MARÉCHAL.

Écoutez seulement.

Patience!.. que diable!.. on vous trompe !

FERDINAND.

Vraiment !

On me trompe!.. Et c'est lui, lui qui me le rappelle!..

LE MARÉCHAL.

Ne vous emportez pas...

FERDINAND.

Parle !.. qu'as-tu fait d'elle?

LE MARÉCHAL.

Mon Dieu ! je vous le dis : quand un père le veut...

FERDINAND.

Son père l'a vendue! . ou la mort ou l'aveu...

LE MARÉCHAL.

Je ne l'ai jamais vue... et, dussé-je paraître
Un peu fat,... je n'ai point desir de la connaître...

FERDINAND.

Il veut la renier !

LE MARÉCHAL.

Permettez... un instant !
Puisque je vous ai dit...

FERDINAND.

Lâche ! lâche ! va-t'en !
Va, tu me fais horreur !

LE MARÉCHAL. (Le président paraît.)

Ma foi, je le préfère...
C'est un fou furieux !

(Il sort sur un signe du président.)

SCÈNE IV.

LE PRÉSIDENT, FERDINAND.

LE PRÉSIDENT.

Ferdinand!

FERDINAND.

O mon père !

LE PRÉSIDENT.

Qu'as-tu ?... que t'a-t-on fait ?...

FERDINAND.

Cette Miller... Pardon !
Comme elle m'a frappé d'un cruel abandon !..
Adieu !

LE PRÉSIDENT.

Non ! ne sors pas !... parle, que vas-tu faire ?...

FERDINAND.

Tout doit être fini dans une heure, mon père !

(Il se précipite au dehors. Lady paraît du côté opposé.)

SCÈNE V.

MILADY, LE PRÉSIDENT.

MYLADY, indiquant Ferdinand.

Votre fils?

LE PRÉSIDENT.

Dans une heure.

MILADY.

Et ce que nous voulons?

LE PRÉSIDENT.

Il le fera, duchesse ; entrez-vous aux salons?

MILADY.

J'attends ici quelqu'un... dites qu'on me prévienne
Quand le prince viendra.

(Le président s'incline et sort.)

SCÈNE VI.

MILADY, SOPHIE.

MILADY, à Sophie qui entre.

Penses-tu qu'elle vienne?

Qu'a-t-elle répondu?...

SOPHIE.

Qu'elle aurait demandé,
Demain, ce qu'aujourd'hui vous avez commandé.

MILADY.

Donc, elle va venir?

SOPHIE.

A l'instant; prenez garde!
Songez avec quel œil sa haine vous regarde!
« Que c'est une rivale et que ces diamants
« Semés pour l'éblouir, tous ces appartements
« Couverts de soie et d'or, ces heiduques, ces pages,
« Ces accords, ces parfums sont de vaines images
« Qui manqueront leur but; ce qu'il faut, avant tout,
« C'est que la fête soit dans vos yeux, que surtout
« Ce qui la frappe ici, ce soit vous, vous sans cesse;
« Mais alors, milady, cachez cette tristesse!

« Qu'elle ne lise pas quand tout chante et sourit
« Au fond de votre cœur le chagrin qu'il nourrit.

MILADY, à part.

« S'il veut analyser les pensers de notre âme,
« Pénétrer dans nos cœurs, le démon se fait femme ;
« Un homme se perdrait dans ces replis profonds,
« Mais la femme, œil de lynx, arrive jusqu'aux fonds!..
« Combien il faut pourtant que je sois abaissée,
« Si cette fille ainsi exprime sa pensée !... »

UN DOMESTIQUE, annonçant.

Madame, elle est là.

MILADY.

Qui ?

LE DOMESTIQUE.
La demoiselle.

MILADY.

Ah ! bien.

Qu'elle entre !

(Il sort, à Sophie.)

Toi, va-t'en...

(Sophie hésite.)

Je l'ordonne !

(Seule, elle fait quelques pas dans la chambre.)

Il convient

Que je m'anime un peu... je suis pâle, peut-être.

(Elle se regarde et marche encore comme une personne surexcitée.

Je me sens maintenant comme je voulais être !

(Elle se jette sur un sofa.)

SCÈNE VII.

MILADY, LOUISE.

(Louise entre tremblante et se tient fort éloignée de milady, qui reste assise e
le dos tourné, mais qui examine attentivement pendant un moment Louise
dans une glace qui lui répète l'image : après un assez long silence, Louise
prend la parole.)

LOUISE.

Madame, je me rends à vos ordres, pardon.

MILADY se retourne vers Louise, et la salue d'un mouvement de tête froid
et hautain.

Ah ! c'est vous... qui... Comment vous appelez-vous donc ?

Une certaine... non... votre père?..

LOUISE, un peu offensée.

Il se nomme
Miller... et c'est le nom d'un parfait honnête homme.
Vous avez désiré me voir, et me voici.

MILADY.

Bien, bien, je me souviens!.. on en parlait ici,
Ton père est organiste?..

(A part.)

Une mise décente
Qu'elle porte sans goût... figure intéressante,
Sans beauté.

(A Louise.)

Çà, ma belle, approchez!

(Louise approche.)

C'est cela!

(A part.)

Ils viennent de pleurer! j'aime ces grands yeux-là.
Venez encor plus près!

(Louise hésite.)

Eh bien! mais, sur mon âme,
Je te fais peur, je crois?

LOUISE, s'approchant avec noblesse.

A moi! non, non, Madame!

MILADY, à part.

C'est de lui qu'elle a pris cet air de dignité!

(Haut.)

Écoutez, mon enfant, j'aime cette fierté;
Elle part d'un grand cœur; je veux, Mademoiselle,
Vous garder près de moi... vous êtes jeune... belle...
Vous avez de l'aisance et de l'instruction,
Vous êtes digne enfin de ma protection...
On ne m'a pas menti!

LOUISE.

Je n'ai chargé personne
Du soin de me placer... et Madame est trop bonne.
Mon secret protecteur aurait dû m'avertir.

MILADY.

Pourquoi?

LOUISE.
Pour l'empêcher, Madame, de mentir ..
Et je regrette fort qu'on vous ait dérangée.

MILADY.
Alors, vous refusez d'être ma protégée?

LOUISE.
Je refuse, Lady.
« Madame »

MILADY.
« Est-ce pour vous? pour moi?..

LOUISE.
« Mon esprit cherche en vain à vous comprendre!

MILADY, à part.
                                    « Eh quoi!
« Avec ce front si pur!..
        (Haut.)
                « Peut-on savoir votre âge?

LOUISE.
« Seize ans passés, lady.

MILADY.
        « Seize ans !.. pas davantage?
« C'est la vieille chanson, le vieil air tant chanté...
« Seize ans! l'amour en fleurs! le printemps enchanté!..
« Premiers sons argentins d'une divine lyre!
« Seize ans! l'amour qui naît, qui parle, qui délire!
« Quoi de plus séduisant?... Mets-toi là!.. près de moi!
« Viens, ma fille, je veux être bonne pour toi...
« Son cœur s'ouvrit aussi!.. quoi d'étonnant encore
« Que se soient confondus les rayons de l'aurore?
        (Elle lui prend la main avec amitié.)
« Il est bien entendu, que je te garderai...
« Tu remplaces Sophie... et que je t'aimerai?
        (A part.)
« Seize ans! cela ne peut durer!.. amour qui passe...
        (Elle l'embrasse sur le front.)
« Amour qui n'éclôt pas!
        (Haut.)
                « C'est une bonne place!

LOUISE.
« Merci de vos bontés, comme si je pouvais

« Les accepter, lady.

MILADY, impatientée.

      « C'est juste... je rêvais...

« Comment pouvais-je offrir à cette demoiselle.

« D'accepter une place?... Une fille comme elle

« Ne peut servir!.. Fi donc! on ne comprendrait pas

« Qu'on usât au travail des doigts si délicats!

« Où comptez-vous monter, petite précieuse?

« Vous êtes, je le vois, un peu présomptueuse!

LOUISE.

« Présomption! de quoi?

MILADY, la montrant du doigt.

      Superbe en vérité!

Cette présomption te vient de ta beauté..,

Va! Ce qui les séduit, hélas! pauvre petite,

Fleurs, jeunesse, beauté, tout cela passe vite!

Quand ton miroir te dit qu'il ne faut point te voir

Pour ne pas t'adorer... ne crois pas ton miroir.

LOUISE, sombre.

Je le sais., tout s'en va!

MILADY.

      Ne mens pas; qui t'arrête?

Ta beauté pour servir ne se pense pas faite,

« Et cet emploi pourtant que je daigne t'offrir,

« De tes sots préjugés pourrait seul te guérir;

« Ces préjugés bourgeois dont la raison s'offense!

LOUISE.

« Et me guérir aussi de ma sotte innocence,

« De ma vertu bourgeoise... Avez-vous bien pensé

« Que ce serait, lady, renier mon passé

« Que de servir ici?... Qui croirait vertueuse

« Cette fille, il est vrai, pauvre, mais oublieuse,

« Qui, tout à coup contraire à sa religion,

« Viendrait vivre au milieu de la contagion?

« Et d'ailleurs, mon aspect vous serait un supplice,

« Car il se peut qu'un jour milady réfléchisse;

« Que de cette existence elle veuille sortir.

« Le dégoût peut hâter l'heure du repentir.

« Alors, ce vous serait une torture horrible

« Que de me voir toujours calme, heureuse, paisible,

« Récompense que Dieu donne au cœur innocent;

« Vous maudiriez tout haut ce bonheur offensant;
« Jusque dans ma vertu vous verriez une offense.
« Ce serait un remords pour vous que ma présence !
« Encore une fois, non ! je ne puis accepter !

           MILADY, marchant avec une grande agitation.

« Il est cruel pourtant de s'entendre insulter,
« Et d'avouer tout bas... qu'on mérite l'insulte.

         (S'approchant d'elle et la regardant fixement.)

« Prends garde ! ce refus cache une haine occulte
« Que je découvrirai... ne crois pas m'échapper... »
Réponds ; la vérité ne saurait m'échapper.

           LOUISE, avec franchise.

Je ne chercherai pas, Madame, à vous tromper !
Vous pouvez découvrir ce qui fait mon audace,
Vous pouvez me frapper ; je ne crierai pas grâce !
Oh ! vous vous vengerez ! je le sais !.. je le vois...
Mais je ne vous crains pas... le martyr sur sa croix
Souriait, en mourant, à la chute du monde.
Milady, ma misère est à ce point profonde,
Que rien ne peut l'accroître... Il vous plaît de vouloir
Me prendre auprès de vous, je ne veux pas savoir
Pourquoi cette faveur, qui me semble suspecte :
On ne doit accepter que de ceux qu'on respecte.
Mon état me nourrit ; je suis loin d'en rougir,
Et je ne comprends rien à vos façons d'agir.
« Pour la première fois, vous me voyez, je pense,
« Et vous me proposez d'être ma providence ?
« De faire ma fortune, avant même de voir
« Si, sortant de vos mains, je veux la recevoir ?
« Non ! il fallait jeter au milieu de ma vie
« Des désirs inconnus... exciter mon envie !
« Il fallait rapprocher votre prospérité
« De mon isolement... C'est une indignité ! »
Oh ! tenez... entre nous avouez-le, Madame,
Si nous pouvions ici changer âme contre âme,
Destin contre destin, et que, loyalement,
Je m'adressasse à vous, avant ce changement,
Comme s'adresserait un enfant à sa mère,
Vous n'oseriez jamais m'engager à le faire !

           MILADY.

Mais de qui donc, dis-moi, tiens-tu tant de fierté ?

Ce n'est pas de ton père... un autre?..

LOUISE , la regardant.

En vérité

Vous connaissez cet autre?..

MILADY, se levant tout à coup avec égarement.

Elle croit que j'ignore...

Oui! oui! je le connais! je l'aime! je l'adore!
Oui, je veux qu'il t'oublie et qu'il m'aime... entends-tu?
Oui, je veux t'enlever à ta froide vertu.
Je le veux! ou malheur sur toi; je suis puissante!

LOUISE.

Vous vous calomniez, vous n'êtes pas méchante
A ce point de vouloir torturer une enfant
Coupable de l'aimer! votre amour la défend;
Car vous l'aimez aussi!.. d'une faute commune
A nos deux cœurs, Madame, accusez la fortune
Et ne m'accusez pas!

MILADY.

Où suis-je! qu'ai-je dit?..
Qu'ai-je laissé paraître! oh! cet amour maudit!
Louise! âme divine... écoute-moi, sois bonne!
Je suis une insensée; il faut qu'on me pardonne.
Moi! me venger de toi, ma noble enfant... jamais!
J'ai pu te menacer... mais au fond, je t'aimais.
Je vendrai mes bijoux, mes chevaux, mes voitures,
Mes robes, mon palais...

(Elle détache ses diamants.)

Je vendrai ces parures,
Et tout sera pour toi... renonce à lui...

LOUISE.

Gardez
Vos protestations et votre or... attendez!..
Je vous cède... celui que vous aimez, Madame,
Si pour l'en arracher on a brisé mon âme!..
Il ne m'appartient plus... vous avez séparé
Deux cœurs unis par Dieu.... vous avez déchiré,
Écrasé sans pitié la pauvre créature
Qui ne voyait que lui dans toute la nature!
Qui l'aimait comme vous!.. comme vous, milady,
Savait l'apprécier... je ne vous ai pas dit
Que s'il ne m'aime plus il faudra que je meure!..

Maintenant, vous pouvez le prendre... adieu !

MILADY.

Demeure !

LOUISE, revenant.

Prenez-le, maintenant... prenez-le... Seulement,
Sachez, quand vous irez à l'autel... qu'au moment
Du baiser nuptial, le spectre d'une femme,
Entre vous et Walter se dressera, Madame !
Adieu !

MILADY.

Louise !

LOUISE.

Adieu !

SCÈNE VIII.

MILADY, sortant de sa stupeur.

Quoi ! que s'est-il passé ?..
Qu'a-t-elle dit, ô ciel ! mon cœur est oppressé !
— Prenez-le maintenant que va s'ouvrir la tombe ;
Songez que c'est par vous, milady, que j'y tombe. —

(Le reste en phrases entrecoupées.)

Non ! tu ne mourras pas... j'arrache de mon sein
Cet amour furieux... Adieu... charmant dessein
De l'avoir tout à moi !.. douce et brillante image
D'un amour partagé... Faiblesse d'un autre âge,
Adieu !.. Que ces amants par mon amour perdus,
Sauvés par mon honneur, à l'amour soient rendus !
Pourquoi n'aurai-je pas, comme elle, le courage
De me sacrifier ?.. Vertu, c'est ton ouvrage !.
Vertu ! je te reviens ! reprends-moi ! guide-moi !
Oh ! je me sens saisir d'un enivrant émoi !
Tu ne repousses pas la pauvre pécheresse !
L'amour n'offrit jamais de si puissante ivresse.
Aujourd'hui, je descends du sommet de l'amour,
Du sommet des grandeurs ; mais il n'est pas de jour
Où je me sois trouvée aussi calme, aussi grande !
Va ! souffre ! mais sois fier et bénis ton offrande,
Mon pauvre cœur blessé !.. Dieu ! s'il allait venir ?...
Le voudrais-je toujours ?.. Hâtons-nous d'en finir...

SCÈNE IX.

MILADY, LE GRAND MARÉCHAL.

(Milady s'assied et se met à écrire... Le grand maréchal entre, il fait mille ré-
vérences à milady sans qu'elle se tourne de son côté; comme elle ne le remarque pas, il s'approche derrière son fauteuil, prend le bout de sa robe et
la baise respectueusement.)

LE MARÉCHAL.

Son Altesse !...

MILADY, tout en lisant ce qu'elle vient d'écrire.

Il dira que c'est notre habitude,
Que nous n'avons au cœur que de l'ingratitude,
Que notre amour, enfin... notre amour?.. un marché,
Contrat qu'avec usure a payé le péché...

(Elle sonne.)

LE MARÉCHAL, après avoir tourné autour de milady.

Vous souffrez ; mais pardon... Son Altesse, Madame,
M'envoyait près de vous, demander le programme
Des fêtes de ce soir?..

MILADY, lui remettant sa lettre.

Ah! maréchal! merci!...
Portez-lui ce billet, c'est un programme aussi!

(À Sophie.)   (Elle sonne.)

Fais rassembler mes gens dans ce salon, Sophie.

SOPHIE, épouvantée.

Qu'est-ce que tout cela, doux Seigneur, signifie?.

(Elle sort.)

LE MARÉCHAL.

Qu'a donc votre grandeur?

MILADY.

Rien! sinon qu'elle part.

LE MARÉCHAL.

Nous partez, milady? sans doute, ce départ...
Le grand-duc le connaît, vous avez dû l'instruire...

(Il regarde la lettre.)

MILADY.

Le programme!... lisez... lisez, je le désire.

LE MARÉCHAL lit; pendant ce temps, les gens de milady arrivent et se
rangent au fond du salon.

—Lorsque je me vendis, j'avais mis, Monseigneur,

Comme condition du marché... le bonheur
De vos sujets.... voyez s'il m'est encor possible
De rester, quand je sais quelle misère horrible
Pèse sur vos États... Je reprends mon amour
Qui n'était plus à vous; prince, faites qu'un jour
Ce peuple soit heureux; c'est ma seule prière...
Quant à moi, dès demain, je franchis la frontière...—
                    (Montrant la lettre.)
Remettre à Son Altesse! oh! non, non! pas si fou!...
Je tiens à conserver ma tête sur mon cou.

   MILADY lui tourne le dos; avec une grande émotion, à ses domestiques:

Vous, mes braves amis, vous qui m'avez servie
Avec fidélité, vous qui faisiez ma vie
Moins malheureuse, hélas! il me faut vous quitter!
Comment, envers vous tous, pourrai-je m'acquitter?
Je sais que vous cherchiez toujours la récompense
De vos soins dans mes yeux, et que l'obéissance
Était dans votre cœur; vous le voyez aussi
Je pleure en vous quittant! Milady reste ici!
Jeanne Norfolk voudrait pouvoir payer sa dette!
Ce palais est au duc, je n'ai que ma cassette,
Vous la partagerez.

                  (Au vieux serviteur.)
          Fritz! je compte sur toi!

      (Aux serviteurs.)
Le plus pauvre de vous est moins pauvre que moi.
Adieu donc, mes amis, et que le ciel vous garde!

            (Elle va sortir, le maréchal l'arrête.)
            LE MARÉCHAL, tremblant.
Mais cette lettre au duc?...

              MILADY, dédaigneuse.
            Ah! pauvre homme! prends garde!

              LE MARÉCHAL.
Je ne puis la remettre en ses augustes mains.

              MILADY, indiquant le maréchal.
Et cela fait pourtant du bruit chez les humains...
Oh! monde!

    (Au maréchal.)
        Dis au duc, qu'après m'être abaissée
Près de la noble enfant que j'avais offensée,
Qu'après avoir tâché de lui faire un bonheur

Dont je ne suis pas digne, il faut, pour mon honneur,
Pour que je sois enfin contente de moi-même,
Et qu'elle me pardonne, et que Ferdinand m'aime !
Maintenant, tu sais tout, valet ; tu peux partir !
(A part.)
Mon corps est au travail ! mon âme au repentir !
(Elle traverse les rangs des domestiques, qui sont profondément émus et s'in-
clinent sur son passage. Le maréchal tombe sur un sofa.)

FIN DU QUATRIÈME ACTE.

ACTE CINQUIÈME

—

SCÈNE PREMIÈRE

(La chambre du musicien. — Il fait nuit. — Louise est assise dans un c i
obscur de la chambre, immobile, la tète cachée dans ses mains. — Mill
entre avec une lanterne sourde, regarde avec anxié é dans toute la chamb
sans apercevoir Louise; il pose son chapeau et sa lanterne sur une tab

MILLER, LOUISE.

MILLER.

Elle n'est pas ici non plus; c'est inutile
D'espérer plus longtemps. J'ai parcouru la ville,
La demandant partout; il n'est pas de maison
Où je ne sois entré : j'en perdrai la raison !
On n'a vu nulle part ma pauvre enfant...

(Appelant.)
Louise !

Ah! j'ai pensé mourir en sortant de l'église.
Je m'étais dit : le ciel est bon, il m'entendra !

(Un repos.)

Ma part de paradis à qui me la rendra !
Patience, Miller! si ta Louise est morte,
Ce que le flot entraîne, un jour il le rapporte !
Patience! demain peut-être on trouvera
Ton unique trésor sur la plage... on dira :
C'est la fille à Miller! vous savez, ce vieil homme
Qui vivait pour l'aimer... Je l'aimais trop en somme ;
Le bon Dieu ne veut pas que l'on aime aussi fort
Peut-être! et me punit! Oh! mon Dieu! si j'eus tort,
Je ne murmure pas!.. pourtant, est-ce ma faute?..
Si je trouvais mon cœur trop petit pour son hôte,
C'est vous qui l'avez fait, ce cœur que vous frappez
Cruellement, mon Dieu !

(Il se jette avec désespoir sur une chaise.)

LOUISE.

Père, vous vous trompez!
Me voilà! vous pleurez! vous faites bien... d'avance
Il faut s'habituer, mon père, à la souffrance...

MILLER, s'avançant vers elle.

Mon enfant! mon trésor que je croyais perdu!
(Il tombe à genoux.)
Merci! Dieu tout-puissant! vous m'avez entendu.
(Se relevant.)
C'est bien elle... réponds... c'est bien toi, ma Louise.
(Il la caresse.)
Je vois que j'ai bien fait d'entrer dans cette église!
(Un repos.)
Mais que faisais-tu là, dans cette obscurité?..
Et seule... parle-moi!..

LOUISE.

Père!.. l'éternité
Ne laisse jamais seule... et c'est dans le silence
Qu'elle parle à nos cœurs...

MILLER.

Sa tête est en démence.
Oh! je préférerais l'entendre sangloter
Que de la voir parler ainsi sans s'écouter...
Oui, j'en souffrirais moins...

LOUISE, comme dans un rêve.

Souffrir! je suis heureuse!
D'un horrible combat je sors victorieuse!
Oh! l'amour est plus fort que la perversité!
Les méchants ne sont pas à craindre, en vérité!
Il ne sait pas cela, l'homme au cordon sinistre...
Sans doute, il peut bien être un excellent ministre;
S'il s'agit de la tête... être profond, puissant!..
Mais s'il s'agit du cœur, c'est un terrain glissant;
Les méchants n'y sauraient marcher sans qu'on les aide!..
A la mort, n'est-ce pas, tout doit céder!.. tout cède!..
Tout, jusques au serment... les morts peuvent parler!
Walter me connaîtra!..
(Elle montre une lettre et fait quelques pas vers la porte.)

MILLER.

Ne crois pas t'en aller!
(Il lui arrache la lettre.)
Qu'est-ce que cette lettre?..

LOUISE.

Oh! tâchez de la lire...
C'est une lettre morte; elle ne peut rien dire.
Elle vit pour lui seul... Comme il a dû souffrir!

MILLER, frappé d'une idée soudaine.

Oh! malheureuse enfant! mais tu veux donc mourir!

LOUISE.

Malheureuse! mais non! c'est une erreur profonde;
On n'est plus malheureux en dehors de ce monde!
Pourquoi craindre la mort?... le mot seul en fait peur,
Mais non l'effet, mon père; un préjugé trompeur
Cause seul notre effroi, glace notre courage!
La mort! c'est le sommeil envié par le sage...
Est-ce un crime, après tout, que d'avancer ses jours
Pour revenir à Dieu qui pardonne toujours?

MILLER.

Crime horrible! et le seul que Dieu ne puisse absoudre,
Puisqu'on peut le comprendre avant de s'y résoudre,
Et qu'il ferme la voie au repentir... Enfant!
Prends garde! Dieu te voit, et Dieu te le défend!
Si tu pensais à lui plus souvent, sa colère
Ne te frapperait pas à présent.

LOUISE.

                    Oh! mon père!
J'y pensais!.. mais l'amour, c'est donc un crime aussi?

MILLER.

Si ton cœur aimait Dieu, parlerait-il ainsi?
Écoute, je t'aimais!.. oh! d'un amour immense.
Je ne veux pas, Louise, accroître ta souffrance!
Écoute toutefois... As-tu droit de mourir,
Si la terre en tombant ne doit pas recouvrir
Que ton corps, et que moi, moi qui touchais au terme,
Je demande une place au tombeau qui l'enferme?
Et qu'usant du moyen que sa fille trouva,
Le père veuille aller où son enfant s'en va,
Comme elle, en prévenant Dieu qui le laisse vivre?
Car si tu meurs, Louise, il faudra bien te suivre!
As-tu droit de mourir, et droit de disposer
Des jours où je croyais pouvoir me reposer?..
Hélas! je ne puis rien, rien de plus sur cette âme...
Fais ce que tu voudras, fais, malheureuse femme!..
Charge-toi de péchés à réjouir l'enfer,
A consterner le ciel... pour moi, j'ai trop souffert,
Et te laisse à présent libre de ta personne.
Tiens!...

(Il lui donne un couteau.)

   Perce-toi le cœur, perce, je te pardonne.
Frappe le mien aussi, c'est un crime hideux!
Qui doit en commettre un peut en commettre deux!
Frappe! Là, comme ailleurs, seul le premier pas coûte.
Frappe! allons, de l'enfer élargis-toi la route...
Sois franchement coupable!

        (Entre Ferdinand.)

SCÈNE II.

Les mêmes, FERDINAND.

LOUISE, le voyant entrer, se jette dans les bras de son père.

     Ah! mon père! c'est lui!..
Sauvez-moi! sauvez-moi!..

       MILLER.

     Te sauver!.. mais de qui?..

       LOUISE.

De lui! voyez! il vient me tuer! Oh! mon père!
Le suicide, alors, ne m'est plus nécessaire,
Et Dieu me recevra... Merci! merci, mon Dieu!

     MILLER, l'entourant de ses bras.

Que dis-tu?..

       LOUISE.

    Regardez... à cette heure, en ce lieu,
Que pourrait-il vouloir, sinon mon existence?

   FERDINAND s'avance lentement et s'arrête près de Louise.

Aveu prompt, mais certain; cri de la conscience!
Merci... car j'avais peur de faiblir... Elle a l'air
D'un ange, cependant, toujours... Bonsoir, Miller!..
Le ciel s'y tromperait...

      MILLER.

     Bonsoir! qui vous amène?..

     FERDINAND, à Louise.

Un temps fut où ton cœur n'éprouvait qu'une peine,
Ne pas me voir, Louise; où l'horloge battait
Moins vite que ton cœur, quand Walter te quittait...
Et maintenant... réponds!..

      MILLER.

     S'il vous reste dans l'âme
Quelque chose d'humain... partez, car cette femme,

Vous la tuez, Monsieur.

FERDINAND, regardant toujours Louise qui se courbe sous son regard.

Pâle comme la mort!

Elle me plaît ainsi! la honte et le remord
La font plus belle encor! vois comme son œil brille!
Comme son front est pur! pieuse et sainte fille!
Tu fais bien de quitter ce masque de vertu;
Je te trouve adorable et t'aime!.. le veux-tu?..
Veux-tu que de baisers sans nombre...

MILLER.

Assez! oh! rage!..

Elle est ma fille, à moi! malheur à qui l'outrage!
Ah! ne l'attaque pas au cœur du père, enfant!
A défaut de l'amour, sa vertu la défend....
Et moi-même, au besoin...

FERDINAND.

Allons, vieillard, prends garde!

(Il l'écarte pour aller à Louise.)

La partie est mauvaise!.. et puis, d'ailleurs, regarde!
Tu parlais de vertu!.. j'ai des certificats
De la sienne! et vraiment, j'en fais un fort grand cas!
Voudrais-tu, par hasard, en prendre connaissance?

(Il lui tend la lettre de Louise au maréchal.)

MILLER, la prenant avec effroi.

Je ne vous comprends pas...

FERDINAND, lui montrant Louise qui se soutient à peine.

Vois sa pâleur... d'avance

Celle-ci me comprend.

MILLER.

Cette lettre?

FERDINAND, montrant à Louise son père qui lit.

Tu vois...

Il lit!

MILLER, venant à Louise.

Au nom du ciel! oh! j'en reste sans voix.
Confonds cet imposteur!

FERDINAND, à Louise.

Réponds, sois généreuse!

LOUISE.

Cette lettre, ô mon père...

FERDINAND, avec un salut terrible.

Après ?..

(Louise se cache la tête dans ses mains.)

MILLER.

Oh! malheureuse!

Mon Dieu ! mon Dieu !

(Il se cache la figure en sanglotant de honte.)

FERDINAND.

Parfait! en vérité, plaisant !

(Indiquant Miller.)

Tu le trompais aussi ! mais que faire, à présent ?..

(A Miller.)

Tu vois ! elle se tait !.. sa bouche se refuse
A ce dernier mensonge, alors que tout l'accuse :
Son père ! son amant !

(Allant à Louise.)

Par le ciel qui t'entend,
Cette lettre est de toi... réponds?.. ton père attend.

(Louise après un douloureux combat où elle a été soutenue par les regards de
son père répond avec fermeté.)

LOUISE.

Cette lettre est de moi !

MILLER, accablé.

Je meurs!..

LOUISE.

Pardon, mon père !

FERDINAND.

Sur mon âme, elle ment, elle ment, je l'espère,
Elle n'a pas commis ce crime... Écoute-moi,
La peur te fait parler; tu trembles, je le voi;
L'aspect du chevalet arrache à l'innocence,
De terribles aveux... mais non ! non, quand j'y pense,
Non, tu n'as pas écrit cette lettre... Oh! maudit!
Pourras-tu pardonner tout ce que je t'ai dit?..
Ne réponds pas!.. je sens que c'est une imposture!..
Insensé! j'aurais dû le voir à l'écriture...
Ce n'est pas cette main si belle qui traça
Ce billet infernal, dont mon cœur s'offensa.
Tu voudrais vainement m'assurer du contraire,
Je ne te croirai plus, tu pensais te soustraire
A mon amour, hélas ! mon amour est puissant !

Pour cette tache d'encre, une tache de sang !
Et tout sera fini !.. je connais le coupable ;
Le coupable mourra !.. mais toi, cœur adorable...
Oh ! tiens si tu le peux, avec ces yeux si doux
Et si purs, qu'ils rendraient même un ange jaloux !
Dis-moi que cette lettre... Ah ! tais toi... je m'éveille !
Tu peux persuader mon œil et mon oreille,
Tu ne convaincras pas mon cœur.

LOUISE, heureuse.

O Ferdinand !

FERDINAND.

Cette lettre !

LOUISE, hésite.

Est de moi !

(Ferdinand fait un geste de doute.)

Sur mon Dieu !

FERDINAND.

Maintenant...

Ah !

(Il chancelle et tombe sur une chaise.)

MILLER.

Louise ! il se meurt !

(Il court à Ferdinand.)

FERDINAND.

Rien ! une défaillance !
Merci, mon bon Miller... tout est fini, je pense !

(Il se lève.)

Fini ! tout doit finir !

(Il sort un flacon de sa poche.)

Ah ! c'est un lourd fardeau
Qu'un cœur désabusé !.. Miller... un verre d'eau,
J'ai la poitrine en feu !

MILLER.

Comme vous êtes pâle !

FERDINAND.

Allez, mon bon Miller.

(A part.)

Oh ! la fille infernale !
Comme elle me trompait !..

(Louise prévient son père qui voulait sortir, et s'élance hors de la chambre.)

SCÈNE III.

MILLER, FERDINAND, plongé dans une profonde rêverie.

MILLER.

Ferdinand! oh! tenez!
A cette heure, où tous trois, nous sommes condamnés,
Donnez-moi votre main, je ne sais plus maudire;
Cependant, écoutez ce que je vais vous dire :
Il faut vous éloigner, il faut fuir! je le veux!
Jurez-moi de céder au dernier de mes vœux,
Car rester plus longtemps ici serait un crime.
Si ce pauvre vieillard mérita votre estime...

FERDINAND.

Toujours! je n'ai jamais cessé de vous aimer!
Le désir qu'à l'instant vous venez d'exprimer,
Était aussi le mien; les grands cœurs se comprennent!

(Paraissant réfléchir.)

Ils peuvent empêcher ce départ, s'ils l'apprennent...

MILLER.

Qui?

FERDINAND.

Ceux qui m'ont réduit à partir, il faut donc
Que vous alliez vous-même au palais... Oh! pardon!
J'ai dit : il faut!

MILLER.

Parlez! pour vous, je puis tout faire.

SCÈNE IV.

LES MÊMES, LOUISE.

(Louise entre, Ferdinand fait signe à Miller de garder le silence. — Louise
place le verre d'eau auprès du major.)

FERDINAND.

Je ne veux pas paraître ainsi devant mon père,
Veuillez le prévenir que je ne serai pas
Au souper cette nuit...

MILLER.

Bien! j'y vais, de ce pas...
Je vous excuserai!

LOUISE.

Ne puis-je aller moi-même?

FERDINAND, à part.

Je pense à la tuer, et cependant je l'aime !

MILLER, sans écouter Louise.

Faut-il voir votre père?..

FERDINAND.

Oh! non! il suffira
De voir un de nos gens; ma bague prouvera
Que vous êtes venu de ma part.

(Il lui remet sa bague.)

LOUISE.
Mais peut-être

Mon bon père!..

FERDINAND.
Attendez! voulez-vous lui remettre
Ce billet qu'un ami m'a remis en passant;
Il était cacheté, peut-être est-ce pressant?

MILLER.

C'est bien...

(Louise s'attache à Miller et le retient avec angoisses.)

LOUISE.
Entendez-moi!.. ne puis-je à votre place...

MILLER, à Ferdinand sans vouloir écouter Louise.

Vous reverrai-je encor?

FERDINAND.
Non, Miller, l'instant passe
Et se mêle en courant à ceux qui sont passés;
L'existence s'enfuit souvent à pas pressés!
Il faut toujours s'attendre, alors que l'on se quitte,
A ne plus se revoir!.. Vieillard! les morts vont vite!
Je tiendrai mes serments... Adieu, mon père, adieu!

(Il lui prend les mains. Miller l'embrasse et sort à la hâte pour cacher ses
pleurs.)

Éclaire-le, Louise... et maintenant, mon Dieu!

(Pendant que Louise accompagne son père en tenant la lumière, après avoir
hésité un instant, Ferdinand s'approche de la table et verse du poison.)

La vengeance du ciel a signé sa sentence :
C'est moi qui l'exécute, ô suprême puissance!

SCÈNE V.

FERDINAND, LOUISE.

(Elle revient lentement en apportant la lumière; elle la pose sur la table et se
place du côté opposé au major, les yeux baissés vers la terre et jetant de

temps en temps, à la dérobée, un regard effrayé sur lui. Ferdinand, assis de
l'autre côté, paraît profondément préoccupé. — Un long et profond silence
précède cette scène.)

LOUISE, éclate enfin en sanglots.

Oh! malheur! oh, malheur! pour moi, tout est fini!

FERDINAND, sans changer d'attitude.

Cela peut être vrai!..

LOUISE, sans entendre et plus bas.

Dieu n'avait pas béni

Cet amour!

(Regardant Ferdinand.)

Il se tait... et comme il paraît sombre!

FERDINAND.

Vous ne me parlez pas, et vous restez dans l'ombre
Approchez donc, Louise!..

LOUISE.

Oh! monsieur Ferdinand,
De quoi parlerions-nous, tous les deux, maintenant?..

FERDINAND, à part.

— Maintenant!.. — mot glacé d'un cœur à l'agonie!

LOUISE.

Pardon si je vous tiens si froide compagnie...
Pourquoi restons-nous seuls?..

FERDINAND, avec un rire amer.

Oui, vous avez raison!

Appelez des voisins!.. égayons la maison;
Mêlons de chants joyeux ce triste tête-à-tête.
Vengeons-nous de l'amour... enivrons-nous... c'est fête!

LOUISE.

Vous semblez bien heureux!

FERDINAND, de même.

Heureux, en vérité :
Vivent ceux qui qui s'en vont le cœur plein de gaîté,
A l'amour éternel, les fous seuls peuvent croire,
Les fous sont des enfants sans cœur et sans mémoire!
Qu'on cimente l'amour d'un serment solennel!
Qu'on jure de s'aimer d'un amour éternel!
Sottise!.. Un jour arrive où le serment s'oublie
Où le cœur s'aperçoit de sa triste folie!
Eh bien!.. j'en suis aussi... De roman en roman
Courons, puisque le cœur aime le changement!

LOUISE.

Déjà si malheureux! pourquoi chercher encore
A mériter son sort?...

FERDINAND, furieux entre ses dents.

Je la hais... et l'adore...

Malheureux, as-tu dit? malheureux! c'est ta mort !
Ta condamnation... pouvais-tu sans remord
Me trahir en sachant de quel malheur horrible
Ton crime me frappait ! Plus de retour possible!
Plus d'espoir de pardon!.. ton arrêt est dicté!

(Il boit.)

Monstre jusqu'à mon cœur par l'enfer apporté,
Ton âme est sans saveur comme cette eau glacée...

(D'un ton impérieux en lui présentant le verre.)

Bois!..

LOUISE.

O ciel! qu'avez-vous? quelle est votre pensée?

FERDINAND, de même.

Bois!..

LOUISE.

Comme en nos beaux jours, où sous l'œil du bon Dieu
Nous nous aimions, ami...

(Elle boit.)

C'est mon baiser d'adieu!

FERDINAND, songeur.

Ah! comme en nos beaux jours...

LOUISE, à part, rendant le verre à Ferdinand qui le brise.

Comme son regard brille !

(Haut.)

C'est mal d'agir ainsi... Qu'ai-je fait, pauvre fille?..
Peut-être un jour viendra...

FERDINAND.

Que parles-tu de jours?..

(Il se promène avec agitation, quitte son écharpe et son épée et les jette loin
de lui.)

A ton heureux passé dis adieu pour toujours!

LOUISE.

Qu'avez-vous?..

FERDINAND.

Rien!.. sinon que Dieu veut que je meure !

Mon sang brûle...

LOUISE, folle.

Au secours !.. je vais...

FERDINAND.

Non ! non, demeure !
Cette fille a bon cœur... tant d'autres l'ont aussi...
Qui le vendent comme elle !...

LOUISE, se jetant dans ses bras.

Et quoi ! parler ainsi !
A ta Louise aimée !

FERDINAND.

O démon qui me tente !

Détourne ce regard, j'ai peur, il m'épouvante,
Louise... aimais-tu Kalb ?.. réponds ; dans un moment
Tu ne le pourras plus.

LOUISE.

Je n'ai rien à vous dire.

(Elle s'assied.)

FERDINAND.

Louise, écoute-moi, je devrais te maudire !
Je t'aime ! aimais-tu Kalb ?.. En face du trépas
Réponds-moi franchement !

LOUISE.

Je ne répondrai pas.

FERDINAND, se jette à ses pieds en pleurant.

Louise ! mon amour ! Louise, mon idole,
Réponds-moi ! réponds-moi ; tu vois, l'heure s'envole
Et la mort va venir ! l'aimais-tu ? l'aimais-tu ?
Louise, par le ciel, par moi, par la vertu
Qui me faisait l'aimer...?

LOUISE, très-effrayée.

Oh ! mon Dieu ! c'est étrange !

Je souffre horriblement !

FERDINAND.

Déjà ! le ciel se venge ;

Elle a pu supporter sans perdre la raison
Son crime, et ne peut pas supporter le poison !

LOUISE.

Ah !

FERDINAND.

— Ce dernier baiser, — c'était la mort, Louise !

LOUISE.

Mourir! mourir déjà... ma lettre, où l'ai-je mise?
Prenez pitié de moi, vous êtes bon, mon Dieu!
C'est la mort! c'est la mort!..

FERDINAND.

                    C'est ton baiser d'adieu!
Plus d'espoir de salut... Louise, que t'en semble!
Mais calme-toi, pourtant, nous partirons ensemble!

LOUISE.

Et lui?...

FERDINAND.

          Lui comme toi!

LOUISE.

                    Tu t'es empoisonné?..
Ah! je puis rompre enfin ce silence obstiné!..
La mort rompt les serments et te rend ton amante:
Je vais mourir, ami, mais je meurs innocente!

FERDINAND.

Que dit-elle... grands dieux!

LOUISE.

                    Oh! tourments de l'enfer!
Mon cœur, il est broyé, par une main de fer.
Attendez, doux Seigneur... ah! faites-moi la grâce
De pouvoir achever... je sens un froid de glace
Courir dans tout mon corps... que disais-je?... Ah! je dis...
Que ton père...

FERDINAND.

          Mon père?..

LOUISE, de plus en plus faible.

                    Et Wurm... ils sont maudits,
Ils m'ont, je ne mens pas... fait... quand on va paraître
Devant le Dieu vengeur... fait écrire... la lettre...
Je dis... que je t'aimais... et que je t'aime... adieu!
A toi, mon Ferdinand... mon cœur... mon âme à... Dieu!

(Elle meurt. — Ferdinand se précipite sur elle et la couvre de baisers, il se
relève en voyant entrer le président, etc.)

SCÈNE VI.

FERDINAND, LE PRÉSIDENT

LE PRÉSIDENT, courant.

Mon fils ! mon Ferdinand !..

FERDINAND.

Tiens ! assassin, regarde !
C'est toi qui l'a tuée... et c'est moi qui la garde,
Et qui vais la rejoindre... Ah ! tu n'attendais pas
Ce double désespoir et ce double trépas ?
Le grand calculateur s'est trompé d'une bière !

LE PRÉSIDENT.

Mon fils...

MILLER, en dehors.

Je veux entrer !.. écoutez ma prière...
Laissez...

SCÈNE VII.

LES MÊMES, MILLER.

FERDINAND ouvre la porte à Miller qui entre en courant.

Entrez, Miller, votre fille est ici,
Mais morte !

MILLER.

Hélas ! mon Dieu !

FERDINAND le conduit entre le président et le corps de Louise ; en lui montrant son père.

L'assassin, le voici !

Ma Louise !.. Ah !..

(Il meurt.)

LE PRÉSIDENT.

Mon fils !...

(Il tombe auprès de Louise.)

MILLER.

Voilà votre supplice !

(Il indique le corps de Ferdinand.)

LE PRÉSIDENT, montrant le ciel.

On ne peut t'échapper ! ô suprême justice !

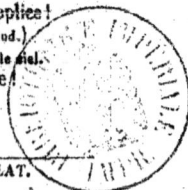

FIN.

LAGNY. — Imprimerie de VIALAT.

www.ingramcontent.com/pod-product-compliance
Lightning Source LLC
Chambersburg PA
CBHW060609100426
42744CB00008B/1372